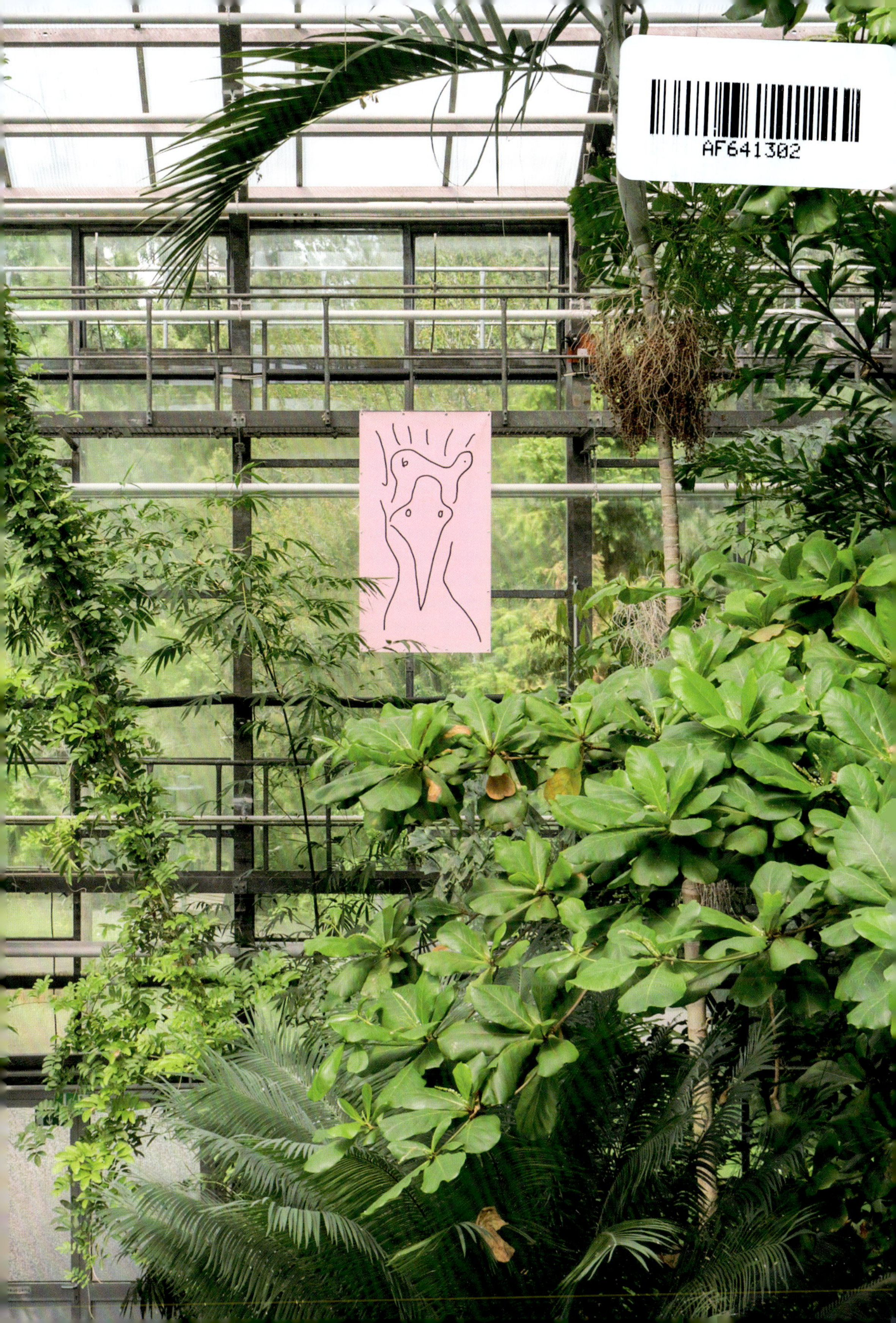

Sebastian Jung

Bio *Bio* **SUV**

Eine Initiative des Bundesministeriums
für Bildung und Forschung

Wissenschaftsjahr 2020|21

BIOÖKONOMIE

KERBER ART

Herausgegeben von
Edited by

Dennis Eversberg
Sophia Pietryga

flumen
MENTALITÄTEN
IM FLUSS

FRIEDRICH-SCHILLER-
UNIVERSITÄT
JENA

Dennis Eversberg, BMBF junior research group "Mentalities in Flux" (flumen)

Foreword

Very few people have a concrete understanding of bioeconomy. As social scientists studying mentalities, we chose to address this topic in the Science Year through an art project because we wanted to offer the audience a slightly different perspective than the usual one. Art can have a disconcerting effect, it can challenge our everyday patterns of thinking and feeling i.e.: it can question and test our mentalities and thus leading us to ask the right questions.

For the time being, let us follow the definitions given by the federal government or the EU and understand "bioeconomy" as a project to replace the massive volume of fossil resources flowing through the production and consumption channels of our society with materials of biological origin in the coming decades: at first glance, Jung's drawings seem totally disconnected from this understanding of bioeconomy. Cars here, birds there – but not lab coats, biorefineries or unending maize fields, the kinds of visual that bioeconomy professionals tend to associate with the topic. But it is precisely these associations, aptly summed up by the title "Bio Bio SUV", that reflect our experience as researchers: mentalities are rooted in experience, and for most people an abstract, often technical, discourse like the one on bioeconomy is not founded in their day-to-day experiences. Until now, the far-reaching innovations and changes that it promises are confined to the realms of theory, laboratory or field experiments and the business models of start-ups. They penetrate everyday life in individual cases at best – as an esoteric product (insect burger!) in refrigerated shelves or as a conspicuously 'maize-covered' or 'rapeseed-covered' landscape.

The word 'bio' can evoke various associations: health-food store, biology class, plants, animals ... Such collective interpretation efforts make some opinion and acceptance researchers despair of people's lack of knowledge. For us mentality researchers, however, the word refers to something that we ourselves strive to emphasise: the kind of transformation that bioeconomy, depending on the perspective, promises or threatens, affects everyday life. Bioeconomy can achieve its sustainability goals only if it becomes part of a comprehensive transformation of the modes of working and living and the ways in which societies think about nature, deal with it, appropriate it and use it. Bio (economy) and SUV – they have more to do with each other than many would like to know.

Jung's work, which is disconcerting in the productive sense, does its bit to counter the narrowing down of the debate to issues of technical feasibility and questions of "governance" and embed the role of bio-based economic activities in the necessary and long-running societal debate about desirable and sustainable modes of living that are compatible with global justice. Jung's drawings capture the self-contradictions of a society that has long realised that things cannot go on the way they are but that is caught in a spiral of escalating demands and material-intensive competition. Bio alone will not be enough – SUV must also be addressed.

Dennis Eversberg, BMBF-Nachwuchsgruppe „Mentalitäten im Fluss" (flumen)

Vorwort

Unter Bioökonomie können sich wohl die wenigsten bisher Konkretes vorstellen. Wir haben uns als Mentalitätsforscher:innen entschieden, das Thema im Wissenschaftsjahr mit einem Kunstprojekt aufzugreifen, um dem Publikum einen etwas anderen Blickwinkel anzubieten als den sonst üblichen. Kunst kann irritieren, nicht zu unseren Denk- und Fühlgewohnheiten passen, also: unsere Mentalitäten hinterfragen und auf die Probe stellen – und dadurch die richtigen Fragen aufwerfen.

Verstehen wir „Bioökonomie" provisorisch im Sinne der Definitionen von Bundesregierung oder EU als das Projekt, die gewaltigen Flüsse fossiler Rohstoffe durch die Produktions- und Konsumtionskanäle unserer Gesellschaft in den nächsten Jahrzehnten durch solche biologischen Ursprungs zu ersetzen: Von Bioökonomie in diesem Sinn ist auf den ersten Blick weit und breit nichts zu sehen in Jungs Zeichnungen. Autos hier, Vögel da – nicht aber Laborkittel, Bioraffinerien oder endlose Maisfelder, die für Kundige zum Bildinventar des Themas gehören. Gerade diese Assoziationen aber, die auch der Titel „Bio Bio SUV" auf den Punkt bringt, spiegeln eine Erfahrung wider, die wir auch als Forschende machen: Mentalitäten bilden sich in und durch Erfahrung und für die meisten Menschen hat ein abstrakter, oftmals technischer Diskurs wie der um die Bioökonomie keine Grundierung in den Erfahrungen ihres Alltags. Die weitreichenden Neuerungen und Veränderungen, die er verspricht, sind bisher hauptsächlich Theorie, Labor- oder Feldexperimente sowie Geschäftsmodelle von Start-ups. Allenfalls im Einzelfall dringen sie in den Alltag ein – als abseitiges Produkt (Insektenburger!) im Kühlregal oder als auffällig ‚vermaiste' oder ‚verrapste' Landschaft.

Das ‚Bio' wird dabei unterschiedlich interpretiert: Bioladen, Biounterricht, Pflanzen, Tiere … Diese Art von kollektiver Deutungsleistung lässt manche Meinungs- und Akzeptanzforscher:innen am Nichtwissen der Bevölkerung verzweifeln. Für uns Mentalitätsforscher:innen aber verweist sie auf etwas, das wir selbst hervorzuheben bemüht sind: Eine Transformation, wie sie die Bioökonomie je nach Sichtweise verspricht oder androht, betrifft den Alltag. Die Bioökonomie kann die Nachhaltigkeitsziele nur einlösen, wenn sie als Teil einer umfassenden Transformation der Art und Weise des Arbeitens und Lebens und der Formen begriffen wird, in denen Gesellschaften über Natur nachdenken, mit ihr umgehen, sie aneignen und nutzen. Bio(-Ökonomie) und SUV – das hat mehr miteinander zu tun, als viele wissen möchten.

Jungs im produktiven Sinne irritierende Arbeit leistet einen Beitrag, die Verengung der Debatte auf technische Machbarkeits- und politische Steuerbarkeitsfragen aufzubrechen und die Rolle bio-basierten Wirtschaftens einzubetten in die notwendige und längst laufende gesellschaftliche Auseinandersetzung um wünschbare, dauerhaft tragbare und mit globaler Gerechtigkeit vereinbare Lebensweisen. Jungs Zeichnungen fangen die Selbstwidersprüche einer Gesellschaft ein, die längst weiß, dass es so nicht weitergeht, die aber gefangen ist in einer Spirale eskalierender Anforderungen und materialreich ausgetragener Konkurrenz. Bio allein wird nicht reichen – auch der SUV muss Thema sein.

Sophia Pietryga, curator
Introduction

Current debates, in particular, consistently clarify and even claim the importance of a (natural) scientific and sociological view and the communication thereof. An artistic view is seldom asked for, but it is precisely this perspective that provides perhaps a more humane, more emotional approach to complex social debates. In the course of the Science Year, Sebastian Jung has researched the topic of bioeconomy in his art project Bio Bio SUV. In two exhibition interventions and a think tank, he discusses questions about bioeconomy and the associated social mentalities from an artistic and scientific point of view.

The artistic interventions take place in the Botanical Garden of the University of Jena and in the section of local history at the Starnberger See Museum, i.e., at two historical locations: Founded in 1586, the Botanical Garden in Jena is the second oldest of its kind in Germany; the Starnberger See Museum, founded in 1914, is a pioneer of local history museums. Both places have an educational claim, want to tell us something about tropical and medicinal plants or the life of our ancestors and at the same time say a lot about their own man-made origin and design. When we visit the intervention, we see a man-made questioning of nature and habitat, but as observers we also reflect our own view on it.

Sebastian Jung assumes this view of the observer and channels it using artistic means. He uses the medium of intervention to throw questions into an otherwise homogeneous environment: what are penguins and birds of paradise doing in the tropical or cactus house? – Or taking a step back: what are colourful truck tarpaulins doing in a botanical garden, i.e., in a superficially natural place? Sebastian Jung's works intervene in places that – especially in the case of the Botanical Garden – are artificial, but not decidedly artistic. Like in his previous projects, Jung brings a new perspective to places, i.e., makes onlookers experience momentary annoyance with these places, where social life takes place. For Bananen für Wuppertal (Bananas for Wuppertal) for example, he used the medium of the PVC tarpaulin to bring elephants into a Wuppertal shopping centre. The medium of intervention is used consciously, so that Jung's artistic work does not stand in isolation, but is consciously adapted to its surroundings and interacts with these.

So art comes to people. Supported by ten scientific positions of a think tank, which, like the drawings or sculptures, is an artistic gesture by Jung, the sociological perspective of the artist becomes clear and is evident from all his drawings – quick, pointed observations of everyday or bizarre scenarios that take place in zoos, shopping centres, at demonstrations or car shows. The people portrayed there are never showcased but rather serve as prototypes of overall social contexts. And even when Jung draws penguins or birds of paradise in East German zoos, humans are always considered as the starting point – after all, without them there would be no tropical or Arctic birds in our part of the world. By further developing the drawings and transferring them to carrier media such as OSB panels or PVC tarpaulins, he adds more value to them; the material is no longer just a carrier medium, but becomes intrinsic to the artistic statement itself. The artist's subjective view of society becomes an analysis to which observers of his art must relate. The emotional attitude is combined with a scientific perspective, which enables the dissection of complex topics of social relationships in the first place.

Sophia Pietryga, Kuratorin

Einführung

Gerade in aktuellen Debatten wird immer wieder deutlich, und auch gefordert, wie wichtig der (natur-)wissenschaftliche und soziologische Blick und die Kommunikation dessen ist. Ein künstlerischer Blick wird selten verlangt, doch ist es gerade diese Perspektive, die einen vielleicht menschlicheren, emotionaleren Zugang zu komplexen gesellschaftlichen Debatten liefert. Im Zuge des Wissenschaftsjahres untersucht Sebastian Jung das Thema Bioökonomie mit seinem Kunstprojekt Bio Bio SUV. In zwei Ausstellungsinterventionen und einem Thinktank werden aus künstlerischer und wissenschaftlicher Perspektive Fragen zu Bioökonomie und den damit einhergehenden gesellschaftlichen Mentalitäten diskutiert.

Die künstlerischen Interventionen finden im Botanischen Garten der Universität Jena und im heimatkundlichen Bereich des Museums Starnberger See statt, also an zwei historischen Orten: Mit seiner Gründung 1586 ist der Botanische Garten in Jena der zweitälteste seiner Art in Deutschland, das Museum Starnberger See, 1914 gegründet, ist Vorreiter heimatkundlicher Museen. Beide Orte haben einen Bildungsanspruch, wollen etwas erzählen über tropische und medizinische Pflanzen oder das Leben unserer Vorfahr:innen und sagen zugleich viel über ihre eigene künstliche Entstehung und Gestaltung aus. Wir sehen beim Besuch eine menschengemachte Befragung von Natur und Heimat, spiegeln als Besucher:innen aber auch unseren eigenen Blick auf diese.

Sebastian Jung nimmt sich dieses Blickes an und lenkt ihn mit künstlerischen Mitteln. Er nutzt das Mittel der Intervention, um Fragen in die ansonsten homogene Umgebung zu werfen: Was machen Pinguine und Paradiesvögel im Tropen- oder Kakteenhaus? – Beziehungsweise noch einen Schritt zurücktretend: Warum hängen in einem Botanischen Garten, also einem vordergründig natürlichen Ort, bunte Lkw-Planen? Die Arbeiten Sebastian Jungs greifen in Orte ein, die – besonders im Fall des Botanischen Gartens – künstlich, aber nicht dezidiert künstlerisch sind. Wie schon in vorherigen Projekten bringt Jung einen neuen Blick, einen Irritationsmoment an Orte, wo sich das gesellschaftliche Leben abspielt. Für Bananen für Wuppertal benutzte er beispielsweise schon einmal das Medium der PVC-Plane, um Elefanten in ein Wuppertaler Einkaufszentrum zu bringen. Das Mittel der Intervention wird bewusst eingesetzt, sodass die künstlerische Arbeit Jungs nicht nur für sich steht, sondern ebenso bewusst an ihre Umgebung angepasst mit ihr in Austausch tritt.

Die Kunst kommt also zum Menschen. Durch die Unterstützung acht wissenschaftlicher Positionen eines Thinktanks, der wie die Zeichnungen oder Skulpturen eine künstlerische Geste Jungs ist, wird der soziologische Blick des Künstlers deutlich: Er geht in allen Arbeiten von seinen Zeichnungen aus – schnelle, pointierte Beobachtungen alltäglicher oder skurriler Szenerien, die sich in Zoos, Einkaufszentren, auf Demonstrationen oder Autoshows abspielen. Die dort dargestellten Menschen werden dabei nie vorgeführt, dienen eher als Prototypen gesamtgesellschaftlicher Zusammenhänge. Und auch wenn Jung Pinguine oder Paradiesvögel in ostdeutschen Zoos zeichnet, wird immer der Mensch als Ausgangspunkt mitgedacht – ohne ihn gäbe es schließlich keine tropischen oder arktischen Vögel in unseren Breitengraden. Indem die Zeichnungen weiterentwickelt und auf Trägermedien wie OSB-Platten oder PVC-Planen übertragen werden, entwickeln sich diese ebenfalls weiter. Das Material ist nicht mehr nur Trägermedium, sondern gehört zur künstlerischen Aussage selbst. Der subjektive Blick des Künstlers auf die Gesellschaft wird zu einer Analyse, zu der sich die Betrachter:innen seiner Kunst verhalten müssen. Die emotionale Haltung wird mit einem wissenschaftlichen Blick zusammengeführt, die das Sezieren komplexer Themen gesellschaftlicher Verhältnisse überhaupt erst ermöglicht.

Thinktank

8 Texte von

Think tank

8 texts by

Viola Bronsema, Ulrich Schurr, Franz-Theo Gottwald,
Zoritza Kiresiewa & Holger Gerdes,
Monica Navas Males, Alex Giurca,
Christiane Grefe, Rafaela Hillerbrand

Dr. Viola Bronsema
Transformation – even in the mind: how a successful bioeconomy can emerge

The industry that is currently largely petroleum-based is „biologised" in a bioeconomy, i.e., sustainable processes or material cycles and products are established based on renewable resources or residual waste using key technologies such as biotechnology. Nature with its cyclic genesis and decay is the model for this.

Biologisation requires all stakeholders to think differently. Biotechnology must gain more importance in the context of sustainability and climate protection. Many of the UN's sustainability goals such as climate protection measures or sustainable consumption and production can be achieved with bioeconomy. Here, society and industry must be fundamentally open to new, promising technologies and assess their opportunities and potential risks impartially. This applies to the possibilities of targeted alteration in the genetic make-up, which has great potential for industry, agriculture and medicine.

For many, new technologies and environmental protection do not go together. The same is true for economy and nature as well. But for bioeconomy, campaigners of nature conservation and advocates of economy need to be on the same side. Often, it's not about "jute instead of plastic" but about totally new products and processes. The economy must invest, the society must like and buy the products. Consumers and producers must collaborate.

Often, sustainable alternatives have to initially compete with existing offers and hence cannot be introduced economically if the will is lacking. That's why we need dialogue, basic conditions and funding tools that promote sustainable industrial production and make it more attractive to consumers. If the economic risk is too high, it may be wise to financially support innovative companies in transferring new processes from labs to large-scale set-ups. Transformation to bioeconomy is necessary and technically feasible. It will succeed if there is political support and will of the society.

Dr. Viola Bronsema is Managing Director of BIO Deutschland in Berlin since October 2006. She is a member of the Supervisory Board of CureVac N.V. since August 2020. She was also appointed to the Bioeconomy Council of the federal government in January 2021.

Dr. Viola Bronsema

Transformation – auch im Kopf: Wie eine erfolgreiche Bioökonomie entstehen kann

In einer Bioökonomie ist die jetzt noch weitgehend erdölbasierte Industrie „biologisiert". Das heißt, es werden auf Basis nachwachsender Rohstoffe bzw. Reststoffe mithilfe von Schlüsseltechnologien wie der Biotechnologie nachhaltige Prozesse, Stoffkreisläufe und Produkte etabliert. Die Natur mit ihrem kreislaufförmigen Werden und Vergehen ist dabei das Vorbild.

Für die Biologisierung ist ein Umdenken bei allen Akteurinnen und Akteuren nötig. Biotechnologie muss im Zusammenhang mit Nachhaltigkeit und Klimaschutz einen höheren Stellenwert erlangen. Viele der Nachhaltigkeitsziele der Vereinten Nationen, wie „Maßnahmen zum Klimaschutz" oder „Nachhaltige/r Konsum und Produktion", lassen sich mit der Bioökonomie erreichen. Wichtig ist dabei, dass Gesellschaft und Industrie neuen vielversprechenden Technologien grundsätzlich offen gegenüberstehen und deren Chancen und mögliche Risiken vorurteilsfrei abwägen. Das gilt für die Möglichkeiten der gezielten Veränderung des Erbguts, welche großes Potenzial für Industrie, Landwirtschaft und Medizin hat.

Für viele Menschen passen neue Technologien und Umweltschutz nicht zusammen. Dasselbe gilt für die Kombination Wirtschaft und Natur. Für die Bioökonomie müssen wir nicht nur die im Naturschutz Aktiven, sondern auch die Verantwortlichen in der Wirtschaft gewinnen. Es geht häufig nicht um „Jute statt Plastik", sondern um völlig neue Produkte und Verfahren. Die Wirtschaft muss investieren, die Gesellschaft muss das gut finden und die Produkte abnehmen. Konsum und Produktion müssen sich aufeinander zubewegen.

Häufig stehen nachhaltige Alternativen anfangs in Konkurrenz zu existierenden Angeboten und lassen sich daher nicht wirtschaftlich einführen, wenn der Wille fehlt. Daher brauchen wir den Dialog sowie Rahmenbedingungen und Förderinstrumente, die die nachhaltige industrielle Produktion fördern und die Attraktivität für die Verbraucherinnen und Verbraucher stärken. Wenn das wirtschaftliche Risiko zu hoch ist, kann es sinnvoll sein, innovative Unternehmen finanziell zu unterstützen, neue Prozesse vom Labor in den Großmaßstab zu überführen. Die Transformation in eine Bioökonomie ist geboten und technisch machbar. Damit es gelingt, sind die Unterstützung der Politik und der Wille der Gesellschaft nötig.

Dr. Viola Bronsema ist seit Oktober 2006 Geschäftsführerin der Biotechnologie-Industrie-Organisation Deutschland (BIO Deutschland) in Berlin. Seit August 2020 gehört sie dem Aufsichtsrat der CureVac N. V. an. Im Januar 2021 wurde sie zudem in den Bioökonomierat der Bundesregierung berufen.

Ulrich Schurr

Sustainable bioeconomy – cycles and region

Bioeconomy must go beyond merely producing more food and substituting fossil resources with renewable resources. Rainforest-devouring agricultural production or first-generation biofuels clearly demonstrate that economic activity is not automatically sustainable just because it is biobased. Unsustainable bioeconomy endangers soils, water, climate and biodiversity more rapidly than a fossil-based economic system.

But what constitutes "sustainable bioeconomy"? Sustainable systems are always organised in cycles. We can practise bioeconomy only if we don't influence nature's cycles so strongly that the environment changes adversely. It's not just about "resources" but also about leaving those natural spaces alone that play a major role in the earth and climate system or that can pose a threat to humans.

In this sense, sustainability is a very people-centred concept: „preservation of the planet for future (human) generations". But nature too has its own laws and the plethora of "intelligent" solutions that plants have created leaves me amazed every day.

On the one hand, sustainability in bioeconomy must include the idea of efficiency to enable the lowest possible footprint for people's own sake. On the other hand, it must be based on respect for life itself – and thus on a new understanding of the relationship between people and (un)used nature.

Regional approaches instantly make sustainable bioeconomy tangible, in terms of the directly visible impacts of human activity and in the man-nature balance - people can feel that even they are a part of the bioeconomy. So, in addition to addressing the question of resources and processes when converting regions into sustainable bioeconomy regions, we must focus more on people – as economic actors, as consumers and as responsible citizens. People themselves becoming a part of the change towards sustainable bioeconomy could create a new identity and identification with „their" region.

Ulrich Schurr holds various positions in the fields of plant sciences, bioeconomy, innovation measures and science policy as well as in science and innovation worldwide. He heads IBG-2: Plant Sciences at Forschungszentrum Jülich, the Bioeconomy Science Center and the model region initiative BioökonomieREVIER Rhineland.

Ulrich Schurr

Nachhaltige Bioökonomie – Kreisläufe und Region

Bioökonomie muss mehr sein als immer mehr Produktion von Nahrungsmitteln und der Ersatz fossiler durch nachwachsende Rohstoffe. Landwirtschaftliche Produktion, die sich in Regenwälder vorfrisst, oder die erste Generation von Biokraftstoffen machen deutlich, dass Wirtschaften nicht automatisch nachhaltig ist, nur weil es biobasiert ist. Nicht nachhaltige Bioökonomie gefährdet noch schneller als die fossilbasierte Wirtschaftsweise, Böden, Wasser, Klima und Biodiversität.

Was aber macht „nachhaltige Bioökonomie" aus? Nachhaltige System sind immer in Kreisläufen organisiert. Nur wenn wir Kreisläufe in der Natur nicht so stark beeinflussen, dass sich die Umwelt negativ verändert, können wir Bioökonomie betreiben. Dabei geht es nicht nur um „Ressourcen", sondern auch darum, Naturräume in Ruhe zu lassen, die wichtige Rollen im Erd- und Klimasystem spielen oder aus denen Gefahren für den Menschen entstehen können.

Nachhaltigkeit ist in diesem Sinne ein zutiefst auf den Menschen bezogener Begriff: „Erhalt des Planeten für zukünftige (menschliche) Generationen". Natur hat aber auch ihr eigenes Recht und ich staune jeden Tag aufs Neue, wie viel „intelligente" Lösungen Pflanzen geschaffen haben.

Nachhaltigkeit in der Bioökonomie muss einerseits, schon aus Eigeninteresse der Menschen, den Effizienzgedanken beinhalten, um einen möglichst geringen Fußabdruck zu ermöglichen. Andererseits muss die Grundlage der Respekt vor dem Leben an sich sein – und damit eine Neubestimmung des Verhältnisses von Mensch und (un-)genutzter Natur.

Regionale Ansätze machen nachhaltige Bioökonomie unmittelbar greifbar: in Bezug auf direkt sichtbare Konsequenzen menschlicher Aktivitäten und in der Balance von Mensch und Natur. Menschen können dabei erfahren, dass sie selbst Teil der Bioökonomie sind. In unserer Arbeit zur Umstellung von Regionen in nachhaltige Bioökonomie-Regionen müssen deshalb, neben der Frage nach Ressourcen und Prozessen, zunehmend die Menschen im Mittelpunkt stehen – als wirtschaftende Akteur*innen, als Konsument*innen, aber auch als Bürger*innen, die Verantwortung übernehmen. Wenn Menschen selbst Teil des Wandels hin zu nachhaltiger Bioökonomie sind, kann dadurch auch neue Identität und Identifikation mit „meiner Region" entstehen.

Ulrich Schurr hat Funktionen in Pflanzenwissenschaften, Bioökonomie, Innovationsmaßnahmen und Wissenschaftspolitik und ist weltweit in Funktionen in Wissenschaft und Innovation tätig. Er leitet das IBG-2: Pflanzenwissenschaften am Forschungszentrum Jülich, das Bioeconomy Science Center und die Initiative Modellregion BioökonomieREVIER Rheinland.

Franz-Theo Gottwald

Bioeconomy – from the other side

"We are life that wills to live in the midst of life that wills to live". Today this organic approach to nature by ethicist and doctor Albert Schweitzer is losing orientation power; many bioeconomists view life differently: plants, mushrooms, trees, and animals used by man are reduced to their utility as biobased resources to make saleable products using technical processes. They seem to envision the "world as a factory" that has to ensure survival of the growing human race in a correspondingly reinvented "age of Anthropocene".

A different approach could prevent life from being (mis)understood as a resource that can be (biotechnologically) manipulated at will: what if life were sacrosanct, i.e., all living beings and spaces had dignity, intrinsic values and right of freedom? What would change if life were inalienable, if it could be commodified and monetised only as per strict, politically standardised rules? How would science and technology develop if life were seen as irreducible and not as a "Lego world of life blocks"; if holistic research of systemic relationships and mutual services would guide one another? Who would get research funding then and how much?

And from the perspective of believers: how different would societal nature relations be if life were all-important, i.e., if life, the biotic, was required to be as is by a higher being and so was given protective rights or was absolutely worthy of protection? Would it need "perfection from a Petri dish" then?

For a socio-ecologically compatible culture of negotiating ways to sustainable agriculture, fishing industry and forestry that stand the test of time economically and culturally, it might help to invite such perspectives with their challenges and impositions. It could lead to intergenerationally more compatible and nature-positive solutions.

Franz-Theo Gottwald, Dr.phil, Dipl. Theol.; Hon. Prof. Environmental Ethics at Thaer Institute of Agricultural and Horticultural Sciences HU Berlin; Senior Advisor Schweisfurth Foundation; Chairman World Future Council supervisory board; author of numerous specialist publications on questions of sustainability of innovations (bioeconomy, digitisation, ecological livestock farming, agroecology) and agricultural policy.

Franz-Theo Gottwald

Bioökonomie – von der anderen Seite des Flusses gesehen

„Wir sind Leben, das leben will, inmitten von Leben, das leben will" – dieses organische Naturverständnis des Ethikers und Arztes Albert Schweitzer verliert derzeit an orientierungsgebender Kraft. Denn gerade viele Aussagen von Bioökonom:innen offenbaren eine andere Einstellung dem Leben gegenüber: Pflanzen, Pilze, Bäume, von den Menschen genutzte Tiere werden auf ihren Nutzwert reduziert, um als biobasierter Rohstoff mit technischen Verfahren zu verkaufsfähigen Produkten tauglich gemacht zu werden. Das Zielbild scheint eine „Welt als Fabrik" zu sein, die das Überleben einer wachsenden Menschheit in einem passend dazu neu erfundenen „Zeitalter des Anthropozän" sichern soll.

Damit Leben nicht als eine (biotechnologisch) beliebig manipulierbare Ressource (miss-) verstanden wird, könnte eine andere Perspektive eingenommen werden: Wie wäre es, wenn Leben als unverfügbar angesehen würde, also allen Lebewesen und Lebensräumen Würde, Eigenwerte und Freiheitsrechte zugesprochen würden? Was würde sich ändern, wenn das Leben als unveräußerbar anerkannt würde – und nur nach strengen, politisch genormten Regeln kommodifizierbar und monetarisierbar wäre? Wie würden sich Wissenschaft und Technik entwickeln, wenn Leben als unreduzierbar und nicht als „Legowelt der Lebensbausteine" begriffen würde; wenn also ein ganzheitliches Erforschen der systemischen Zusammenhänge und der wechselseitigen Dienstleistungen füreinander leitend wäre? Wer würde dann wie viel Forschungsmittel erhalten?

Und, aus Sicht der gläubigen Menschen: Was wäre im gesellschaftlichen Naturverhältnis anders, wenn Leben unbedingt wäre? Also wenn Leben, das Biotische von einem höheren Wesen so gewollt wäre wie es ist, und deshalb mit Schutzrechten ausgestattet wäre oder gar unbedingt schützenswert wäre? Bräuchte es dann die „Perfektion aus der Petrischale"?

Für eine soziale und ökologisch verträgliche Kultur des Aushandelns der Wege in eine nachhaltige Land-, Fisch- und Forstwirtschaft, die den Test der Zeit nicht nur wirtschaftlich, sondern auch kulturell bestehen kann, könnte es hilfreich sein, diese Perspektiven mit ihren Herausforderungen und Zumutungen einzuladen. Es würde wahrscheinlich zu intergenerational verträglicheren, naturpositiven Lösungen führen.

Franz-Theo Gottwald, Dr.phil, Dipl.Theol.; Hon.Prof. für Umweltethik am Thaer Institut für Agrar- und Gartenbauwissenschaften HU Berlin; Senior Advisor Schweisfurth Stiftung; Vorsitzender des Aufsichtsrats World Future Council; Autor zahlreicher Fachpublikationen zu Fragen der Nachhaltigkeit von Innovationen (Bioökonomie, Digitalisierung, ökologischer Nutztierhaltung, Agrarökologie) und zur Agrarpolitik.

Zoritza Kiresiewa, Holger Gerdes

Revitalisation of rural areas
good prospects for structurally weak regions?

Developing biobased business models based on regionally available resources, generating new jobs and economic growth and simultaneously increasing climate and environmental protection through efficient and environmentally friendly use of resources are promising prospects for structurally weak regions in South-eastern and Eastern Europe. Of primary importance here is the hope that bioeconomy will provide an opportunity to stop the ongoing migration trend. Many regions in South-eastern and Eastern Europe have great and thus far untapped potential for developing bioeconomy: rich in biological resources as well as traditional knowledge and experience in the fields of agriculture, horticulture, the use of medicinal herbs, etc. Yet, many regions in South-eastern and Eastern Europe have so far been slow in generating new economic, social and ecological advantages by developing bioeconomy.

Bioeconomy is associated with numerous conflicting goals; not least because it has the ambitious task of reconciling economic growth with the conservation of environment and nature. Basically, as a holistic concept, it can only be implemented if there is a social change toward sustainability. All groups of the society must be a part of this change. However, given the centralised governance structure in most South-eastern and Eastern European countries, policy decisions are chiefly made at the national level and the ability of regional authorities to implement bottom-up approaches and influence national policies is quite limited. Furthermore, the concept of bioeconomy is still largely unknown; this applies equally to the general public as well as to key actors from industry, science and politics.

Revitalisation of rural areas based on biobased products and processes remains an untapped opportunity without a democratic process and without the participation of stakeholders and citizens in the development of regional bioeconomy strategies.

Dr. Zoritza Kiresiewa is a fellow in the fields of bioeconomy and sustainable development at Ecologic Institute. Her particular research interest is the question: how much can bioeconomy contribute to global food security and sustainable use of resources?
Holger Gerdes is Senior Fellow at the Ecologic Institute and coordinates the field bioeconomy. The central focus of his work is on developing and implementing participatory instruments for a sustainable management of natural resources in the context of bioeconomy.

Zoritza Kiresiewa, Holger Gerdes

Revitalisierung der ländlichen Räume

schöne Aussichten für strukturschwache Regionen?

Auf Basis regional vorhandener Ressourcen biobasierte Geschäftsmodelle zu entwickeln, neue Arbeitsplätze und wirtschaftliches Wachstum zu generieren und gleichzeitig durch eine effiziente und umweltschonende Ressourcennutzung zu mehr Klima- und Umweltschutz beizutragen, ist für strukturschwache Regionen in Südost- und Osteuropa eine vielversprechende Perspektive. Im Vordergrund steht die Hoffnung, dass die Bioökonomie eine Chance eröffnet, den anhaltenden Abwanderungstrend zu stoppen. Viele Regionen in Südost- und Osteuropa verfügen über ein großes und bisher ungenutztes Potenzial für die Entwicklung der Bioökonomie: Sie sind reich an biologischen Ressourcen, traditionellem Wissen und Erfahrung in den Bereichen Landwirtschaft, Gartenbau, Nutzung von medizinischen Kräutern u.a. Dennoch können viele Regionen Südost- und Osteuropas bisher nur langsam neue wirtschaftliche, soziale und ökologische Vorteile durch die Entwicklung der Bioökonomie generieren.

Die Bioökonomie ist mit zahlreichen Zielkonflikten assoziiert; nicht zuletzt, weil sie die ambitionierte Aufgabe hat, Wirtschaftswachstum mit Umwelt- und Naturschutz in Einklang bringen. Grundsätzlich ist sie als holistisches Konzept nur mit einem gesellschaftlichen Wandel in Richtung Nachhaltigkeit umsetzbar. An diesem Wandel müssen alle Gruppen der Gesellschaft teilhaben. Doch angesichts der zentralisierten Regierungsstruktur in den meisten südost- und osteuropäischen Ländern werden politische Entscheidungen hauptsächlich auf nationaler Ebene getroffen und die Fähigkeit der regionalen Behörden, Bottom-up-Ansätze umzusetzen und die nationale Politik zu beeinflussen, ist recht begrenzt. Ferner ist das Konzept der Bioökonomie nach wie vor weitgehend unbekannt; das trifft gleichermaßen für die breite Öffentlichkeit sowie für Schlüsselakteur*innen aus Industrie, Wissenschaft und Politik zu.

Ohne einen demokratischen Prozess sowie eine Beteiligung von Akteur*innen und Bürger*innen bei der Entwicklung regionaler Bioökonomie-Strategien bleibt die Revitalisierung der ländlichen Räume auf Basis biobasierter Produkte und Prozesse eine ungenutzte Chance.

Dr. Zoritza Kiresiewa arbeitet als Fellow in den Bereichen Bioökonomie und nachhaltige Entwicklung am Ecologic Institut. Ihr besonderes Forschungsinteresse gilt der Frage, inwieweit die Bioökonomie zu einer weltweiten Ernährungssicherung und einer nachhaltigen Nutzung von Ressourcen beitragen kann.
Holger Gerdes ist Senior Fellow am Ecologic Institut und koordiniert den Bereich Bioökonomie. Der Schwerpunkt seiner Arbeit liegt auf der Erforschung und Umsetzung partizipativer Instrumente für ein nachhaltiges Management natürlicher Ressourcen im Rahmen der entstehenden Bioökonomie.

Monica Navas Males

BIOECONOMY, BIODEVELOPMENT, LAW AND PEOPLE: ECUADOR'S CASE

In Ecuador, bioeconomy has not yet been considered as a solution to generate resources for the country and stop the loss of biodiversity. Here, respecting nature and stopping deforestation have primarily been matters of international agreement.

There are two different aspects of bioeconomy. At territorial level, especially in the Amazon, the local and indigenous communities have developed their own sustainable productive strategies, such as bio-enterprises that use biological resources and respect their ancestral knowledge. On the other hand, at governmental level, in 2020, the Ecuador government launched a National Bioeconomy Pact as a government programme. However, the Ecuadorian economy continues to be heavily dependent on oil exports even in 2021.

How to move towards a comprehensive and holistic model where national policies, legal framework and financing allow progress in the direction of inclusive and participatory biodevelopment?

Citizen engagement is key. The urban inhabitant looks at the use of biological resources in a different way compared to the rural inhabitant, since rural areas suffer from river pollution and climatic risks on a daily basis. A great weakness of public policy and daily practices is to promote responsible consumption. In any case, bioeconomy is about listening to conscious citizens and recognising the thoughts of a multicultural Ecuador where the Amazonian people have taken care of the forests for many years.

The challenges that must be faced in the coming years imply a profound legal and public policy reorganisation. In 2021, Ecuador is at a critical moment resolving how to survive the pandemic and the financial crisis, which accentuates the pressure on natural ecosystems. This is a crucial moment to establish new production and consumption models (in line with SDG 12). Meanwhile, urban and rural communities are developing innovative social solutions to face new developments in nature in post-covid 19 scenarios.

Monica Navas Males is an Ecuadorian lawyer with a Master's degree in Economic Law and specialised studies in Climate Change, Environment and Corporate Social Responsibility. With over 25 years of experience in Public Policy, Development Projects and International Cooperation, she specialises in Climate and Green Finance. Monica Navas Males is a lover of nature, animals, the conservation of Amazonian resources, and an ardent defender of the active participation of local communities.

Monica Navas Males
BIOÖKONOMIE, BIODEVELOPMENT, RECHT UND MENSCHEN: der Fall ECUADOR

In Ecuador wird die Bioökonomie bisher nicht als Lösung betrachtet, um Ressourcen für das Land zu generieren und den Verlust der Biodiversität zu stoppen. Die Natur zu respektieren und die Abholzung zu stoppen, ist in Ecuador vor allem ein Anliegen internationaler Abkommen. Es sind zwei Aspekte, die zum Thema Bioökonomie zu unterscheiden sind. Erstens auf der territorialen Ebene: Insbesondere im Amazonasgebiet haben lokale und indigene Gemeinschaften ihre eigenen nachhaltigen Produktionsstrategien entwickelt, z.B. Bio-Unternehmen, die biologische Ressourcen nutzen und überliefertes Wissen einbeziehen. Zweitens: Auf Regierungsebene hat der ecuadorianische Staat 2020 den nationalen Bioökonomie-Pakt als staatliches Programm eingeführt. Doch die ecuadorianische Wirtschaft ist auch im Jahr 2021 noch stark von Ölexporten abhängig.

Wie kann man sich nun auf ein ganzheitliches Modell zubewegen, bei dem die nationale Politik, der rechtliche Rahmen und die Finanzierung Fortschritte in Richtung einer inklusiven und partizipativen Bioentwicklung ermöglichen? – Bürgerengagement ist der Schlüssel. Stadtbewohner:innen sehen den Umgang mit biologischen Ressourcen anders als Landbewohner:innen, da ländliche Gebiete täglich unter der Verschmutzung von Flüssen und klimatischen Risiken leiden. Eine große Schwäche der öffentlichen Politik und täglichen Praxis ist die Förderung von verantwortungsvollem Konsum. In jedem Fall geht es bei der Bioökonomie darum, auf bewusste Bürger:innen zu hören und die Gedanken eines multikulturellen Ecuadors anzuerkennen, in dem sich die Bevölkerung des Amazonasgebiets schon seit vielen Jahren um die Wälder kümmert.

Die Herausforderungen, die es künftig zu bewältigen gilt, beinhalten eine tiefgreifende rechtliche und behördliche Neugestaltung. Im Jahr 2021 befindet sich Ecuador an einem kritischen Punkt: Wie kann das Land die Pandemie und Finanzkrise überleben? All das verstärkt den Druck auf die natürlichen Ökosysteme. Es ist ein entscheidender Moment, um neue Produktions- und Konsumweisen (im Einklang mit SDG 12) zu etablieren. In der Zwischenzeit entwickeln städtische und ländliche Gemeinschaften innovative soziale Lösungen, um Entwicklungen im Bereich der Natur in Post-COVID-19-Szenarien zu begegnen.

Monica Navas Males ist ecuadorianische Juristin und hat einen Master-Abschluss in Wirtschaftsrecht; vertiefend studierte sie zu Klimawandel, Umweltschutz und soziale Verantwortung von Unternehmen. In den letzten 25 Jahren sammelte sie viel Erfahrung im Bereich Public Policy, in Entwicklungsprojekten und in der internationalen Zusammenarbeit. Ihre Schwerpunkte sind Klimafinanzierung und Green Finance. Sie liebt die Natur und Tiere, unterstützt den Erhalt der Ressourcen im Amazonas und ist eine glühende Verfechterin der aktiven Beteiligung lokaler Gemeinschaften.

Alex Giurca

Substitution is not the only solution

A reflection on the rise of futile innovations

Innovation has a special place in our capitalist economy. Countless biobased innovations have emerged with the advent of the EU bioeconomy strategy. Their philosophy is simple: take a fossil-based product, replicate its industrial processing logic and replace it with a biobased product. Let's take the example of wood: the fascination for wood-based products has conquered the media. It is propagated mainly by the forest-based industry in Northern Europe. Bioeconomy enthusiasts, research, politics and industry refer to the latest wood-based innovations as flagships of the supposedly unlimited (growth) potential. We have wooden bicycles, car parts and even a wooden satellite. But are these innovations really that groundbreaking?

Let's look at the wooden toilet: it became a small Twitter sensation after someone enthusiastically shared the "revolutionary" innovation. The toilet is made of wood – but wooden toilets or "pit toilets" have been there since the 20th century. But today the living environments in many countries have undergone a huge change. Flush toilets produce more than 80% of the world's wastewater. Most of this wastewater lands up directly in the environment. So, instead of worrying about the toilet material, shouldn't we be concerned about the wasteful logic of flushing? Shouldn't we rather invest money and resources in solving difficult questions such as: what about using recycled water? Or compost toilets? Can secondary products be used for energy and agriculture?

But our consumption-oriented society prefers to leave things as they are and just change them a little. A more radical change to a sustainable, cycle-oriented bioeconomy, however, needs to go beyond the mentality that substitution is the solution, and recognise that we need a radical change in our production and consumption.

Alex Giurca is Managing Director at the Heidelberg Center for the Environment (HCE). He previously did his doctorate at the University of Freiburg, where he investigated political discourses and innovation networks in the forest bioeconomies of Germany, Finland and Sweden.

Alex Giurca

Substitution ist nicht die einzige Lösung

Eine Reflexion über den Aufstieg sinnloser Innovationen

In unserer kapitalistischen Wirtschaft nimmt die Innovation einen besonderen Platz ein. Mit dem Aufkommen der EU-Bioökonomie-Strategie sind unzählige biobasierte Innovationen aufgetaucht. Deren Philosophie ist einfach: Man nehme ein fossilbasiertes Produkt, repliziere seine industrielle Verarbeitungslogik und ersetze es durch ein biobasiertes Produkt. Nehmen wir das Beispiel Holz: Die Faszination für holzbasierte Produkte hat die Medien erobert. Sie wird vor allem von der forstbasierten Industrie in Nordeuropa propagiert. Bioökonomie-Enthusiast*innen, Forschung, Politik und Industrie verweisen auf die jüngsten holzbasierten Innovationen als Aushängeschild für das vermeintlich unbegrenzte (Wachstums-)Potenzial. Wir haben Fahrräder aus Holz, Autoteile aus Holz und sogar einen Satelliten aus Holz. Aber sind diese Innovationen wirklich so bahnbrechend?

Betrachten wir die Holztoilette: Sie löste einen kleinen Twitter-Sturm aus, nachdem jemand die „revolutionäre" Innovation begeistert teilte. Die Toilette ist also aus Holz gefertigt – aber hölzerne Toiletten oder „Plumpsklos" gibt es seit dem 20. Jahrhundert. Doch heute hat sich unsere Lebenswelt in vielen Ländern stark verändert. Toiletten mit Wasserspülung erzeugen weltweit mehr als 80% des Abwassers. Der größte Teil des Abwassers landet direkt in der Umwelt. Sollten wir uns also nicht über die verschwenderische Logik der Toilettenspülung Gedanken machen, anstatt uns über das Material zu sorgen, aus dem die Toilette besteht? Sollten wir nicht Geld und Ressourcen besser in die Lösung schwieriger Fragen investieren, etwa: Wie wäre es, recyceltes Wasser zu verwenden? Oder Kompost-Toiletten? Können wir einen Weg finden, die Sekundärprodukte für Energie und Landwirtschaft zu nutzen?

Aber unsere konsumorientierte Gesellschaft lässt die Dinge lieber so, wie sie sind, und verändert sie nur ein bisschen. Aber ein radikalerer Wandel zu einer nachhaltigen, kreislauforientierten Bioökonomie muss über die Mentalität, dass Substitution die Lösung ist, hinausgehen und anerkennen, dass eine radikale Veränderung unserer Produktion und unseres Konsums notwendig ist.

Alex Giurca ist Geschäftsführer am Heidelberg Center for the Environment (HCE). Davor hat er an der Universität Freiburg promoviert, wo er politische Diskurse und Innovationsnetzwerke in den Waldbioökonomien Deutschlands, Finnlands und Schwedens erforscht hat.

Christiane Grefe

The flux of joie de vivre

Most protagonists of today's bioeconomy have never read its greatest thought leader: the economist Nicholas Georgescu-Roegen. As early as the 1970s, the co-founder of ecological economics emphasised that every form of economic activity must consider the laws of nature and be mindful of biological and physical limits. He also called for a switch from fossil resources to solar and bio(techno)logical sources. In doing so, he thought far beyond a substitution strategy or superficial efficiency gains. "The real ,output' of economic process", wrote the Romanian scientist, is "not the constant material production of waste, but an unprecedented constant flux of joie de vivre. If we fail to include this flux, just as many other specifically human inclinations, in our analytical instruments, we will not move in economic reality."

But the output of the current bioeconomy is usually far removed from the "flux of joie de vivre". Despite all assurances to protect climate and species, it ultimately remains geared towards new products and growth. There is a threat of further commercialisation of water, soils, forests and species. Instead, however, we should strive to manage with the diversity and vitality of nature and consume economically so that future generations have just as much available again. Amidst all the fascination for technological progress, it is important to invent a new culture of modesty – right from the management floor to the shop counter. There are just as few global recipes for this as for agricultural cultivation methods. This culture can only be created with the help of local social organisation. Citizens have to push for a political framework for this: not least by exemplifying the varied models of coexistence.

In her essay The Reincarnation of Rumpelstiltskin, Indian writer Arundhati Roy has described this challenge as follows: "When all the rivers and valleys and forests and hills of the world have been priced, packaged, bar-coded and stacked in the local supermarket, when all the hay and coal and earth and wood and water has been turned to gold, what then shall we do with all the gold?"

Christiane Grefe, born in 1957, studied political science in Munich and attended the German School of Journalism there. Since 1999, she has worked as an editor and reporter in the Berlin office of the weekly newspaper DIE ZEIT on ecology, environment and development issues.

Christiane Grefe

Der Fluss der Freude am Leben

Die meisten Protagonist*innen der heutigen Bioökonomie haben deren größten Vordenker nie gelesen: den Wirtschaftswissenschaftler Nicholas Georgescu-Roegen. Schon in den 1970er-Jahren betonte der Mitbegründer der ökologischen Ökonomie, dass jede Form des Wirtschaftens die Naturgesetze mitdenken müsse und aufmerksam sein müsse für biologische und physikalische Grenzen. Auch forderte er, von fossilen Ressourcen auf solare und bio(techno) logische Quellen umzusteigen. Dabei dachte er weit über eine Substitutionsstrategie oder vordergründige Effizienzgewinne hinaus. »Der wahre ›output‹ des ökonomischen Prozesses«, schrieb der rumänische Wissenschaftler, sei »nicht eine ständige materielle Produktion von Abfall, sondern ein beispielloses beständiges Fließen, der Fluss der Freude am Leben. Wenn wir diese Bewegung wie auch viele andere spezifisch menschliche Neigungen nicht in unser analytisches Instrumentarium einbeziehen, so bewegen wir uns nicht in der ökonomischen Wirklichkeit.«

Doch vom »Fluss der Freude am Leben« als Output ist die aktuelle Bioökonomie meist weit entfernt. Bei aller Beteuerung, dem Klima- und Artenschutz zu dienen, bleibt sie letztlich auf neue Produkte und Wachstum ausgerichtet. Es droht eine weitere Kommerzialisierung des Wassers, der Böden, der Wälder, der Arten. Stattdessen ginge es doch aber darum, mit der Vielfalt und Lebendigkeit der Natur zu wirtschaften und nur so viel zu verbrauchen, dass auch künftige Generationen wieder genauso viel zur Verfügung haben. Bei aller Faszination für technologische Fortschritte gilt es, eine neue Kultur der Bescheidenheit zu erfinden – in den Chefetagen wie an der Ladentheke. Dafür gibt es ebenso wenig wie für landwirtschaftliche Anbauweisen globale Rezepte. Diese Kultur entsteht nur mithilfe lokaler sozialer Organisation. Auf den politischen Rahmen dafür müssen Bürger*innen drängen: nicht zuletzt, indem sie vielfältige Modelle des Miteinanders vorleben.

Die indische Schriftstellerin Arundhati Roy hat die Herausforderung in ihrem Essay Rumpelstilzchens Reinkarnation so ausgedrückt: »Wenn all die Flüsse und Täler und Wälder und Hügel der Welt erst verpackt, mit Preis und Kassencode versehen und im Supermarkt gestapelt sind; wenn alles Stroh, alle Kohle und Erde und alles Holz und Wasser zu Gold gemacht wurden – was sollen wir dann machen mit all dem Gold?«

Christiane Grefe, geboren 1957, studierte Politikwissenschaften in München und besuchte dort die Deutsche Journalistenschule. Seit 1999 arbeitet sie als Redakteurin und Reporterin im Berliner Büro der Wochenzeitung DIE ZEIT zu Ökologie-, Umwelt- und Entwicklungsthemen.

Rafaela Hillerbrand
Bio-logical-technology

According to scientific forecasts, the world's population will rise to over 8 billion people within the next 10 years, the demand for clean water will increase by 40%, for energy by 50%, and for raw materials by over 100%. This places special importance on biotechnology applications that promise lower demands on resources, water and energy.

Biotechnologies require not only microorganisms and enzymes as raw materials, but also plants. This intensifies the competition for arable land. This example alone illustrates that – especially in the case of new technologies and techniques – many and sometimes contradictory problems arise.

A more sustainable approach to our environment must therefore ultimately involve weighing up various undesirable side-effects. If we trust the estimates, a purely bio-based economy, in which we use neither fossil nor radioactive materials, is possible only with significantly reduced energy consumption. This fact as such must form part of the consideration. Once we have opted for bio-based industries and energy conversion that rely on so-called renewables, pressing questions will become all the more acute: How and for what purposes do we as a society use this energy and product? Based on which rules may the individual decide? Is individual transport still sustainable?

In democratic nations with pluralistic values, the outcome of such deliberations depends on social discourse. But certain minimum conditions are required to be able to shape this discourse on biotechnology rationally – or logically, if you like. Firstly, a discourse on the value basis with which the consequences are assessed; equating „sustainable" with „renewable" or „bio-based" is a reductive approach. Secondly: Science and technology that understand even better how to address consequences and side-effects and how to deal with the lack of quantitative predictions, as well as a society that regards uncertainties as a central part of science and technology, accept that complete security is only a theoretical construct. And thirdly: the concession that error and a change of mind form part of a rational discourse (also about technology).

Rafaela Hillerbrand is Professor of Philosophy of Science and Technology at KIT. She conducts research on the topics of sustainability and energy with a focus on risks and uncertainties in technical activities. She heads the KIT Academy for Responsible Research, Teaching and Innovation, ARRTI, and the research group PhilETAS, Philosophy of Engineering, Technology Assessment, and Science.

Rafaela Hillerbrand

Bio-logische-Technologie

Wissenschaftlichen Prognosen zufolge wird die Weltbevölkerung in den nächsten 10 Jahren auf über 8 Milliarden Menschen, der Bedarf an sauberem Wasser um 40%, an Energie um 50% und an Rohstoffen um über 100% ansteigen. Damit kommt den Anwendungen der Biotechnologien, die einen geringeren Ressourcen-, Wasser- und Energiebedarf versprechen, besondere Bedeutung zu.

Für Biotechnologien werden nicht nur Mikroorganismen und Enzyme, sondern auch Pflanzen als Rohstoffe benötigt. Das verschärft die Konkurrenz um landwirtschaftlich nutzbare Flächen. Allein dieses Beispiel macht deutlich, dass insbesondere bei neuen Technologien und Techniken viele und teilweise gegenläufige Probleme auftreten.

Ein nachhaltigerer Umgang mit unserer Umwelt muss daher am Ende ein Abwägen verschiedener, nicht gewünschter Nebenfolgen umfassen. Eine rein biobasierte Ökonomie, in der wir weder fossile noch radioaktive Materialien gebrauchen, ist, wenn wir Schätzungen trauen, nur bei einem deutlich reduzierten Energieverbrauch möglich. Dieser Fakt als solcher muss Teil der Abwägung sein. Wenn wir uns für die biobasierte Industrie und Energieumwandlung, die auf sogenannte Regenerative setzen, entschieden haben, werden drängende Frage umso akuter: Wie und wofür nutzen wir als Gesellschaft diese Energie und Produkt? Innerhalb welcher Regeln darf sich der Einzelne entscheiden? Ist der Individualverkehr noch tragbar?

Wie derartige Abwägungen ausgehen, hängt in wertepluralen demokratischen Staaten vom gesellschaftlichen Diskurs ab. Aber es bedarf gewisser Mindestvoraussetzungen, um diesen Diskurs um Biotechnologie rational – oder wenn man möchte: logisch – gestalten zu können. Erstens: ein Diskurs über die Wertebasis, mit der man die Folgen bewertet; ein Gleichsetzen von „nachhaltig" mit „erneuerbar" oder „biobasiert" erweist sich als verkürzt. Zweitens: Wissenschaft und Technik, die es noch besser verstehen, Folgen und Nebenfolgen zu thematisieren und mit dem Mangel an quantitativen Vorhersagen umzugehen sowie eine Gesellschaft, die Unsicherheiten als zentralen Bestandteil von Wissenschaft und Technik begreift und akzeptiert, dass völlige Sicherheit nur ein theoretisches Konstrukt ist. Und drittens: das Zugeständnis, dass Irren und Meinungsänderung Bestandteil eines rationalen Diskurses (auch über Technik) sind.

Rafaela Hillerbrand ist Professorin für Wissenschaft- und Technikphilosophie am KIT. Sie forscht zu den Themen Nachhaltigkeit und Energie mit einem Fokus auf Risiken und Unsicherheiten im technischen Handeln. Sie leitet die KIT Academy for Responsible Research, Teaching and Innovation, ARRTI, und die Forschungsgruppe PhilETAS, Philosophy of Engineering, Technology Assessment, and Science.

Auto-Stunt-Show

Bleistift auf Papier
je 21 x 14,8 cm
2018

Car stunt show

Pencil on paper
21 x 14.8 cm each
2018

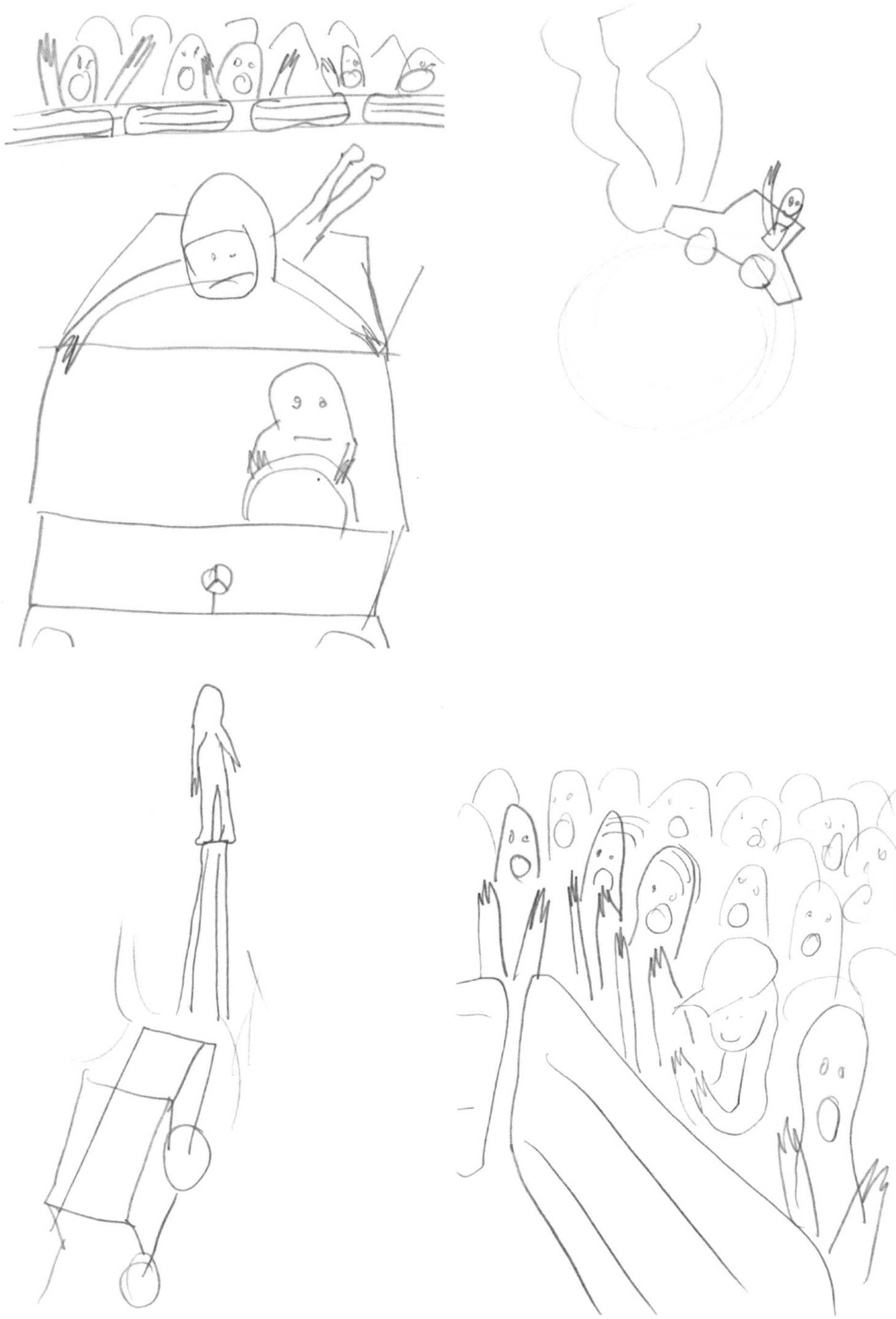

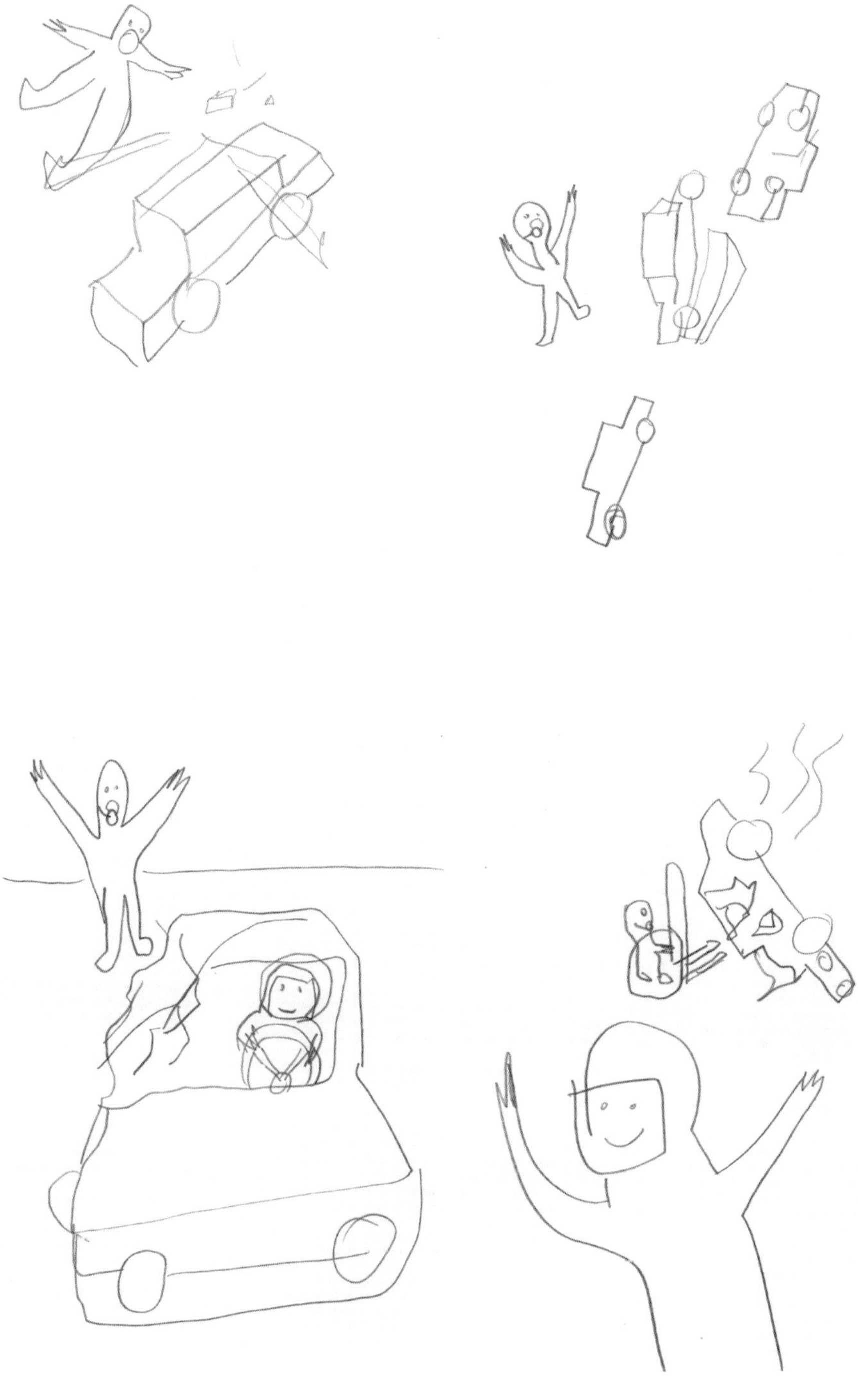

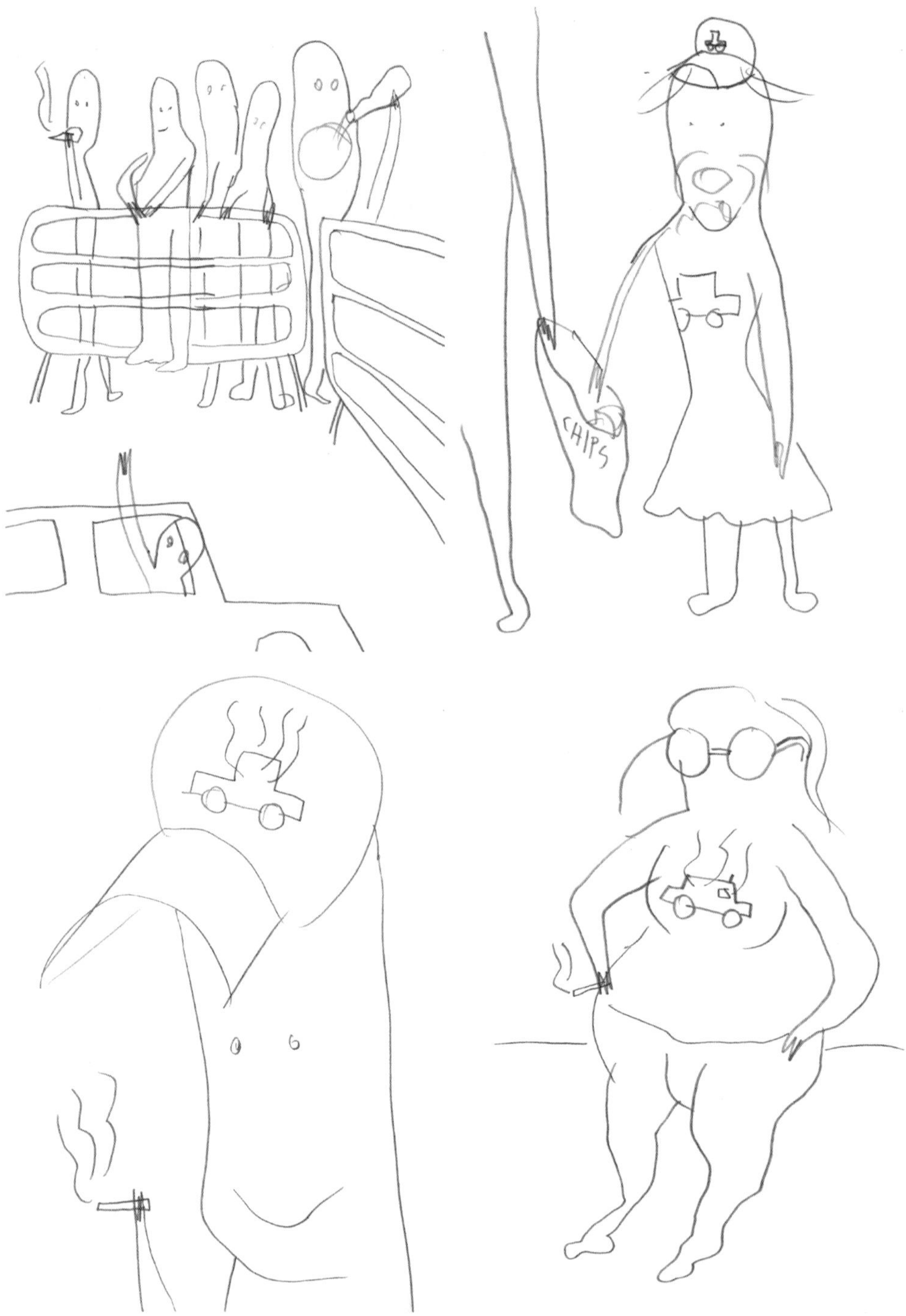
CHIPS

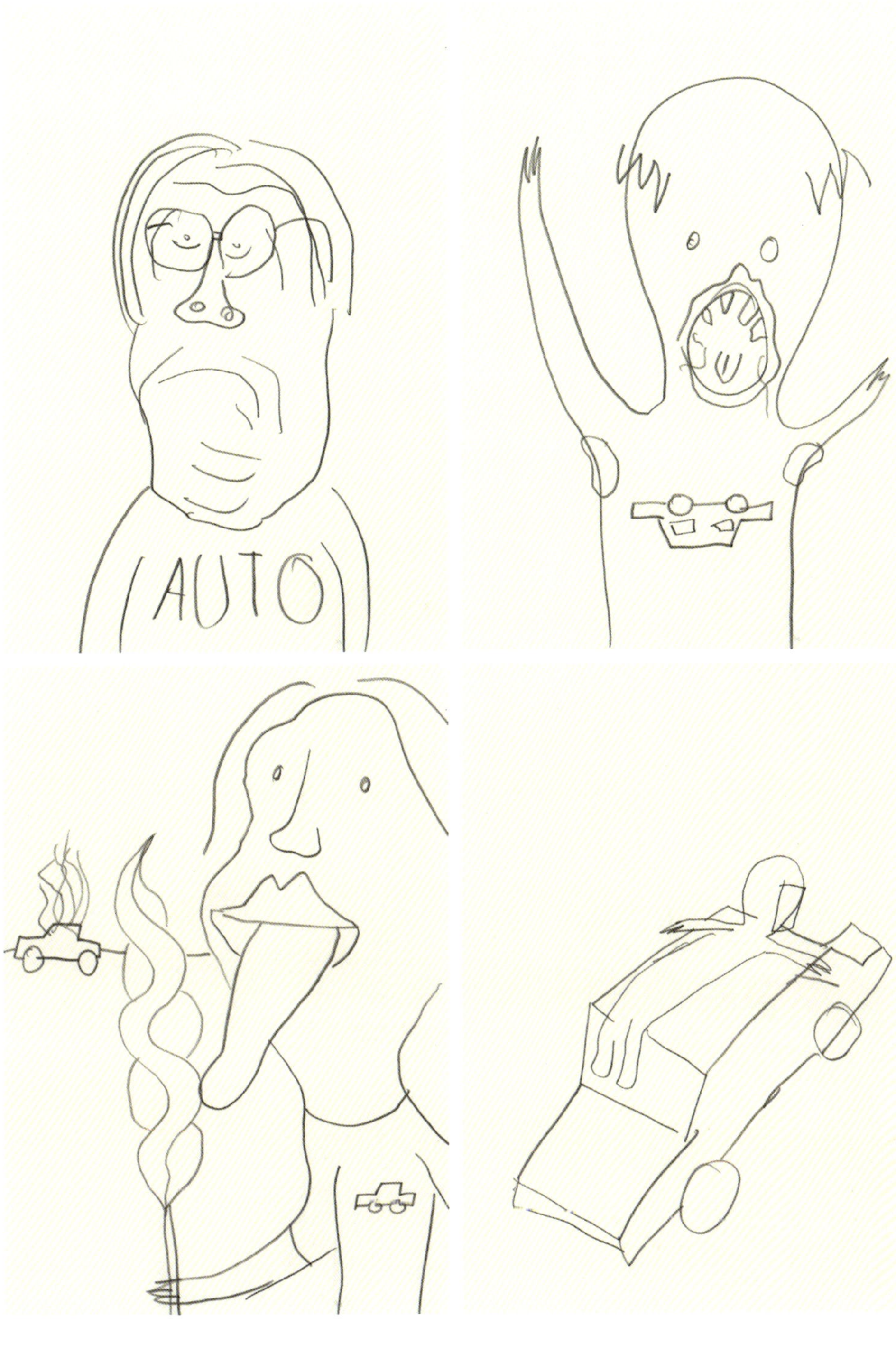
AUTO

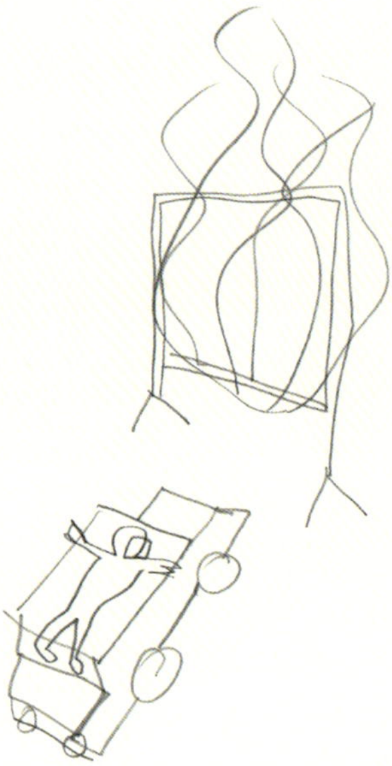

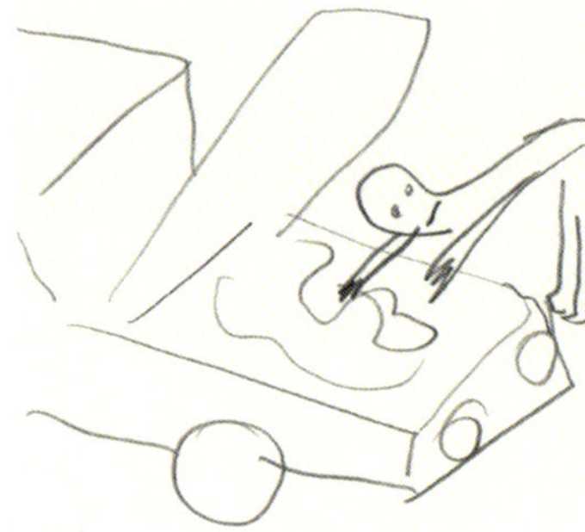

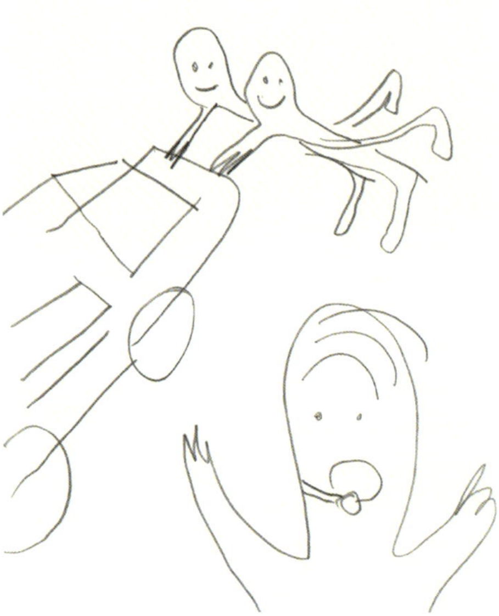

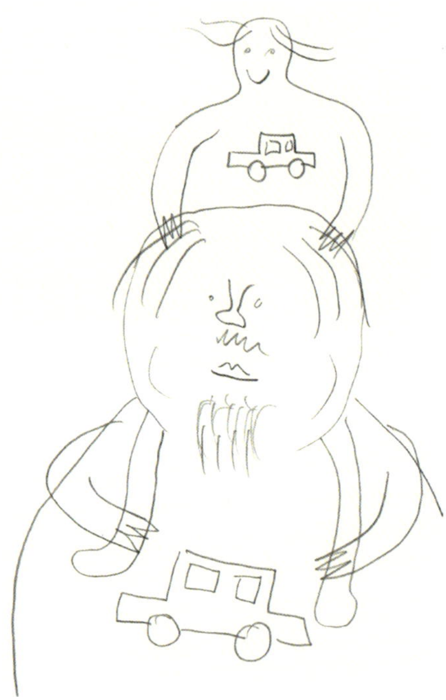

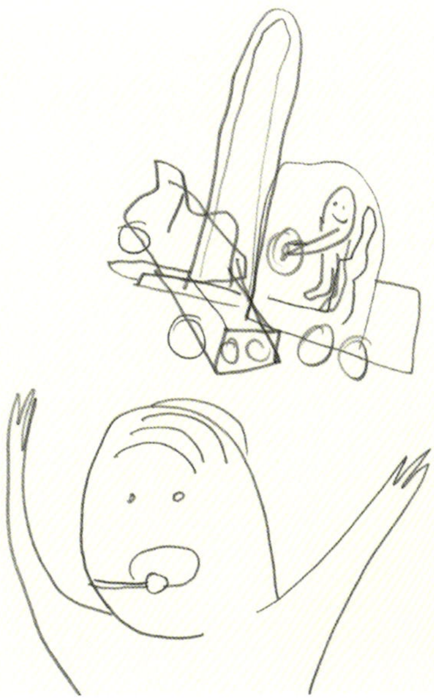

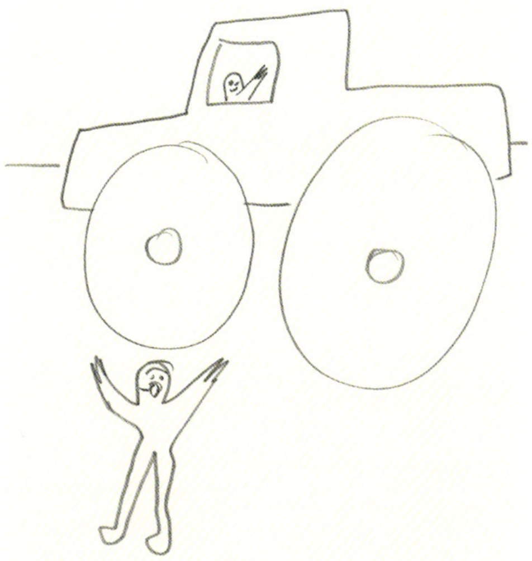

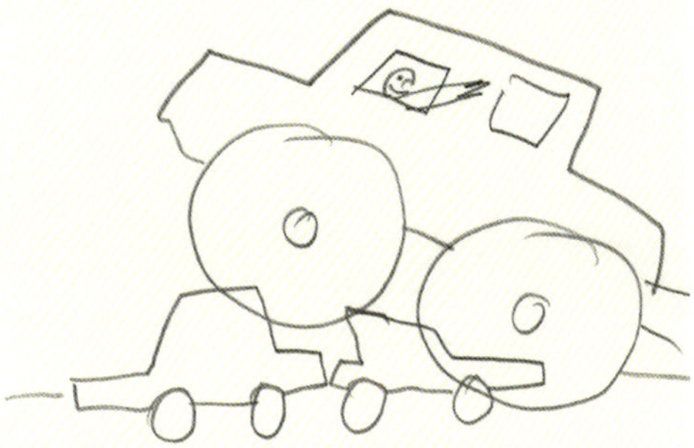

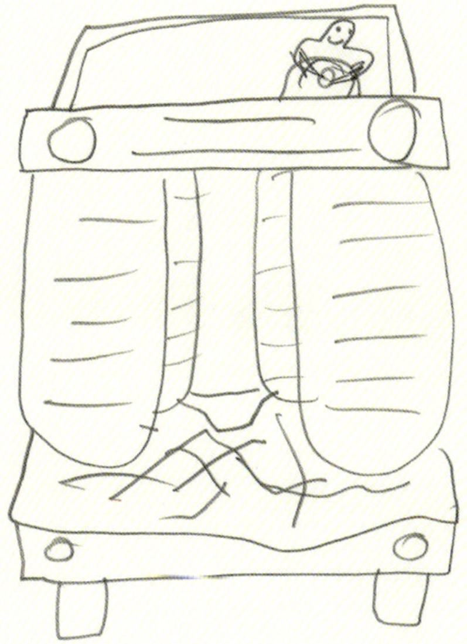

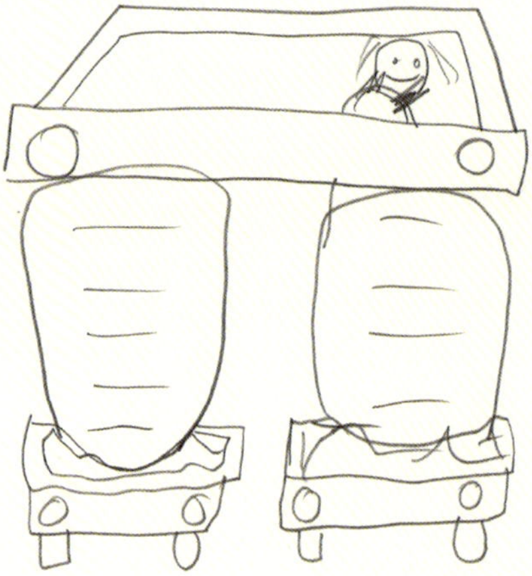

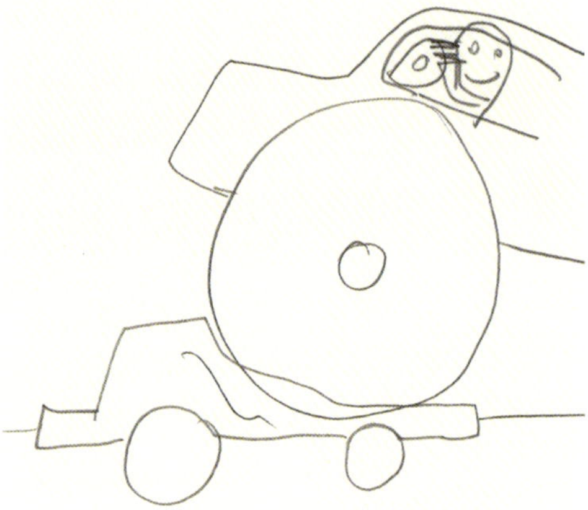

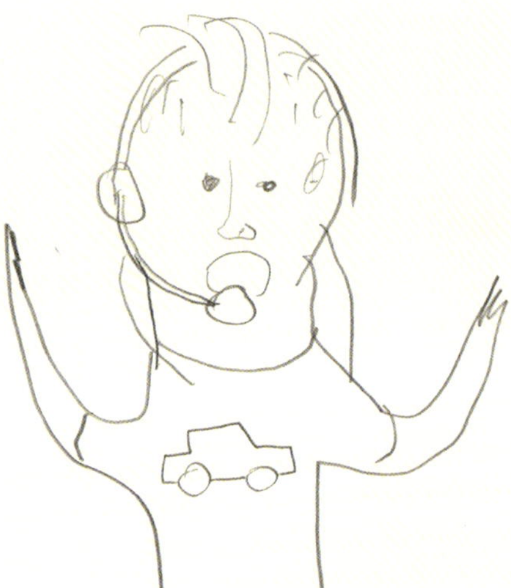

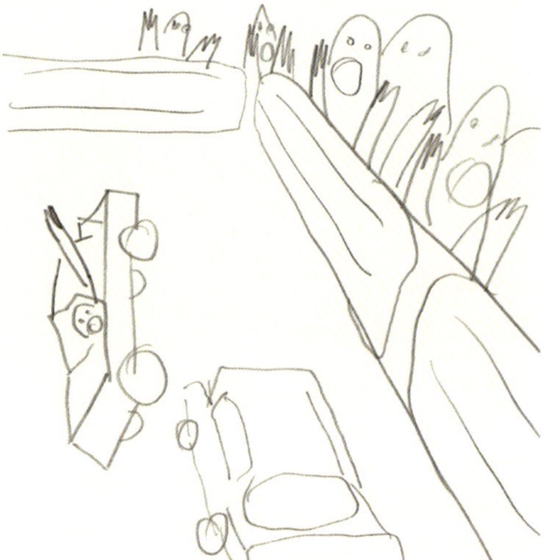

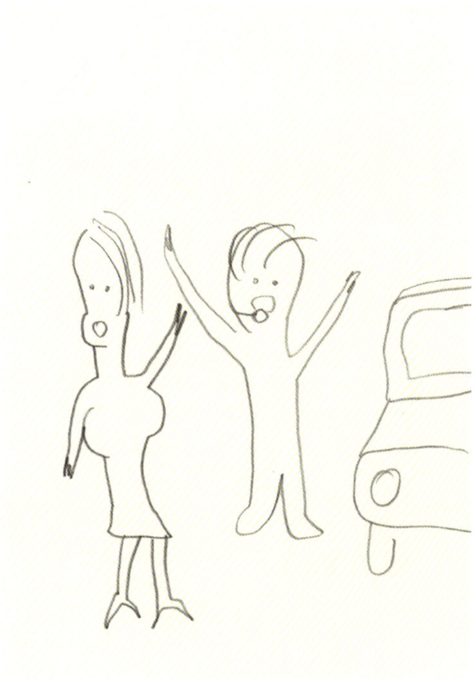

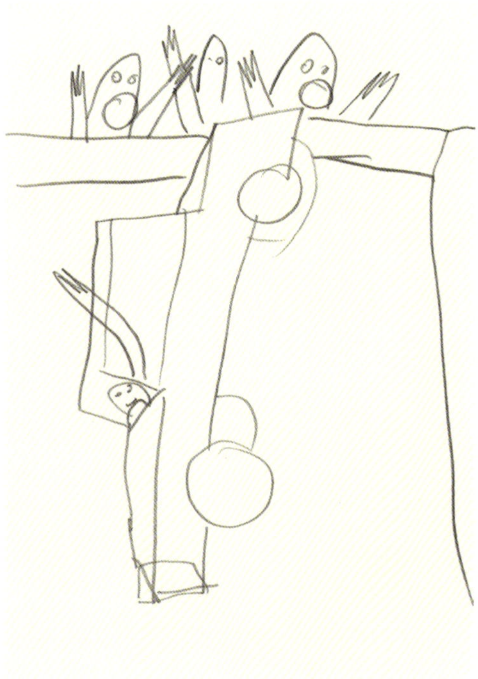

Botanischer Garten Jena
Botanical Garden Jena

Jeder Vogel hat ein Auto

Intervention im Botanischen Garten Jena
Handyzeichnungen auf PVC-Bannern
CNC-gefräste Autos aus OSB-Platten mit Schubkarrenrädern

Every bird has a car

Intervention in the Botanical Garden Jena
Cell phone drawings on PVC banners
CNC-milled cars from OSB boards with wheelbarrow wheels

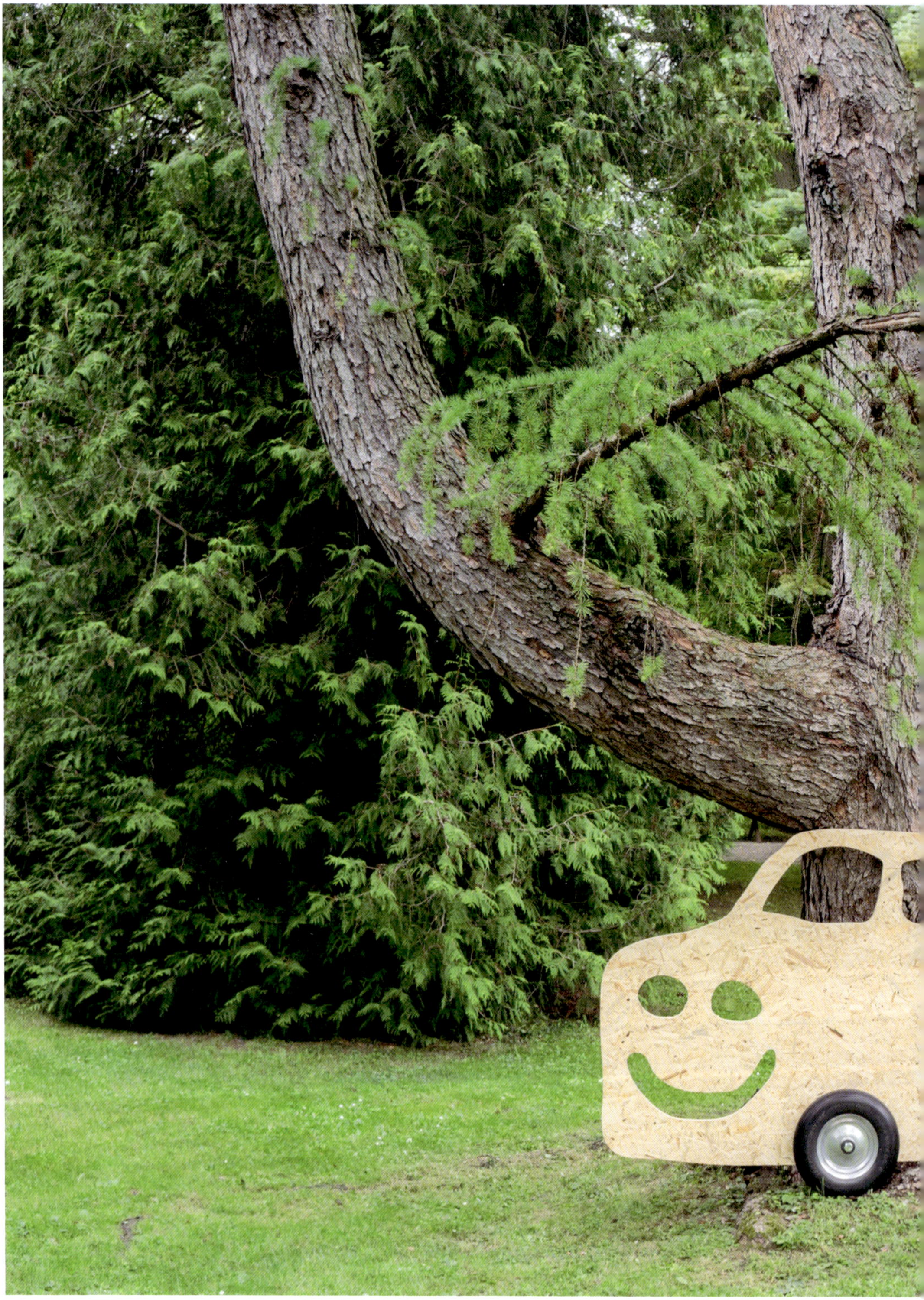

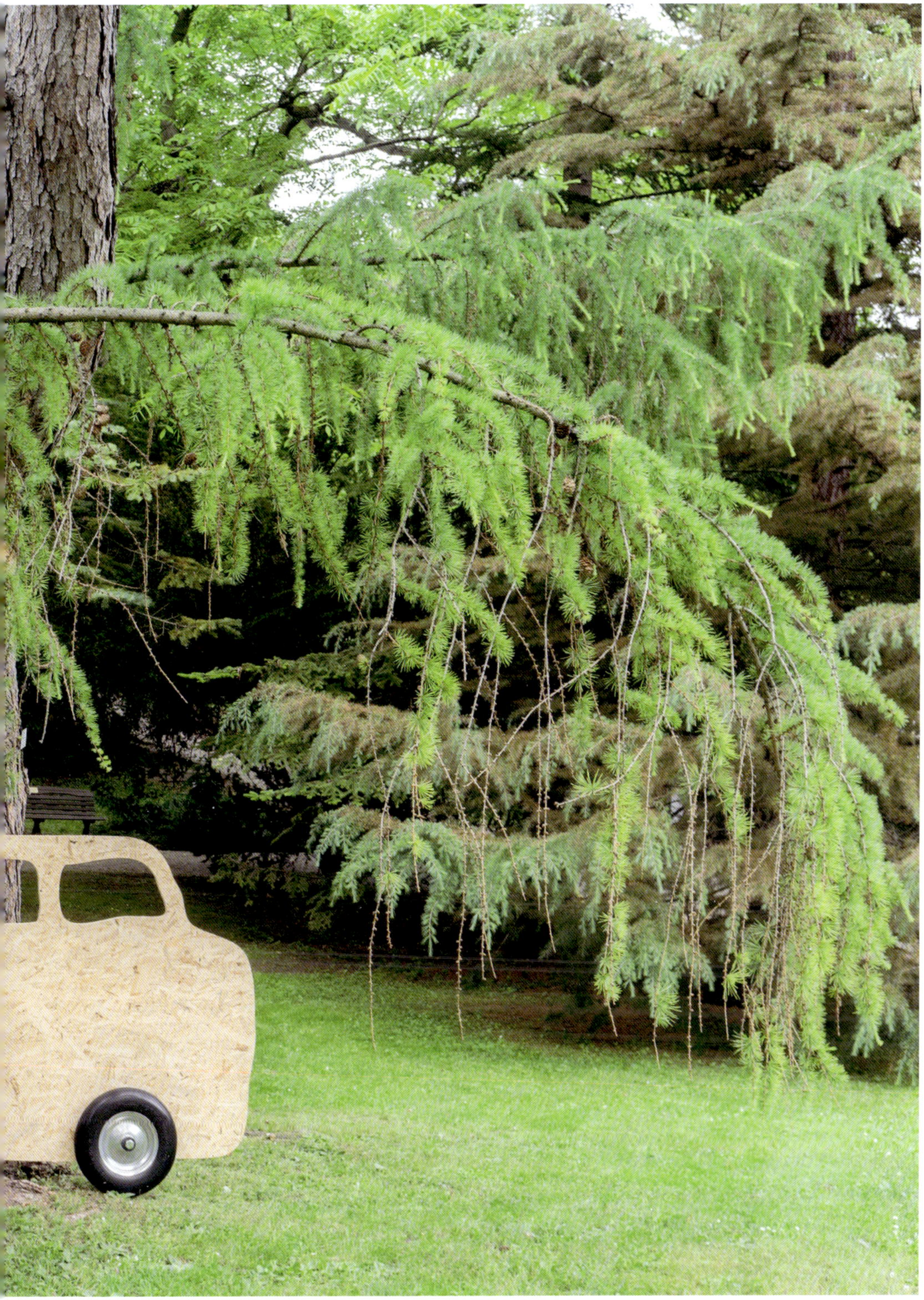

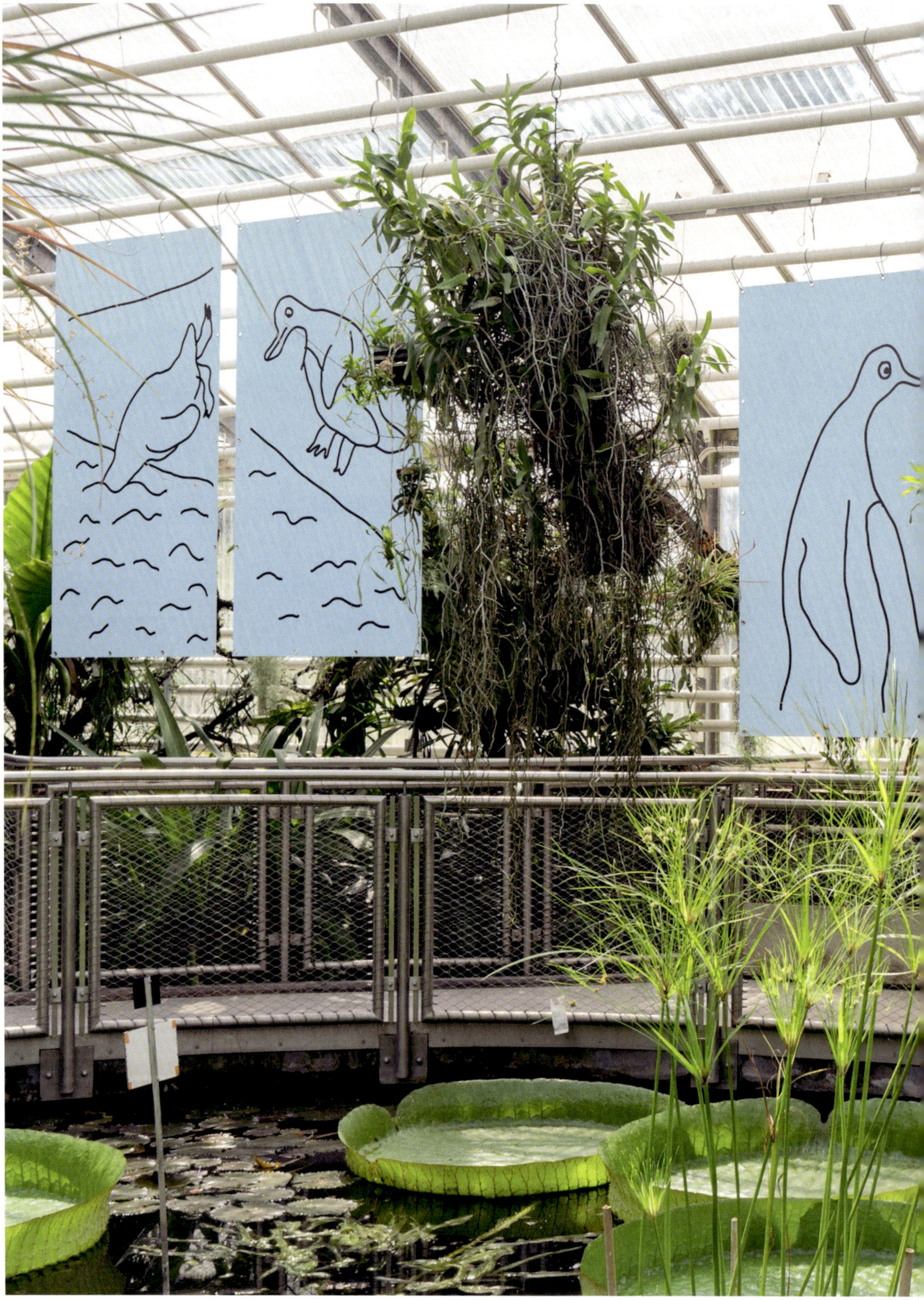

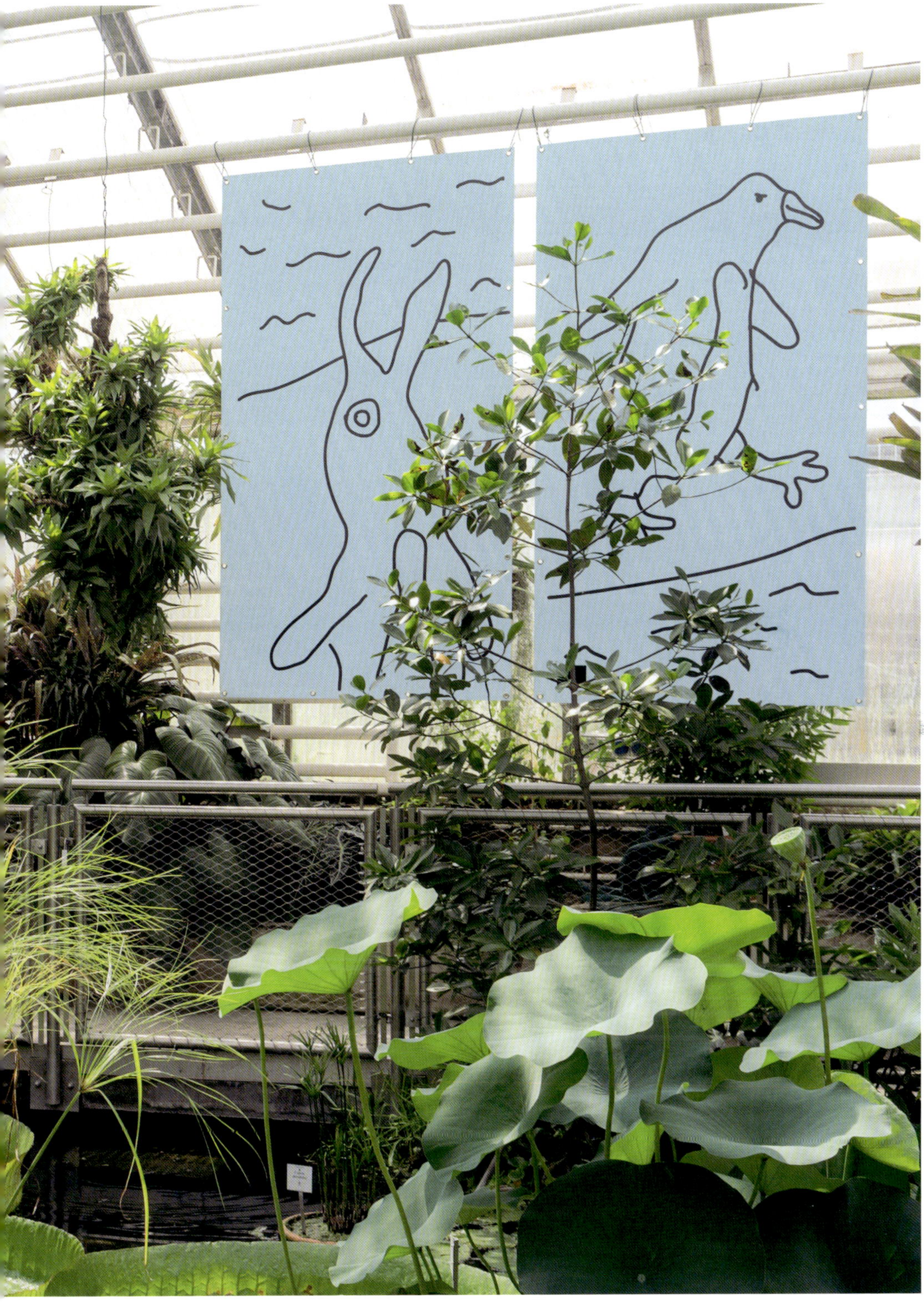

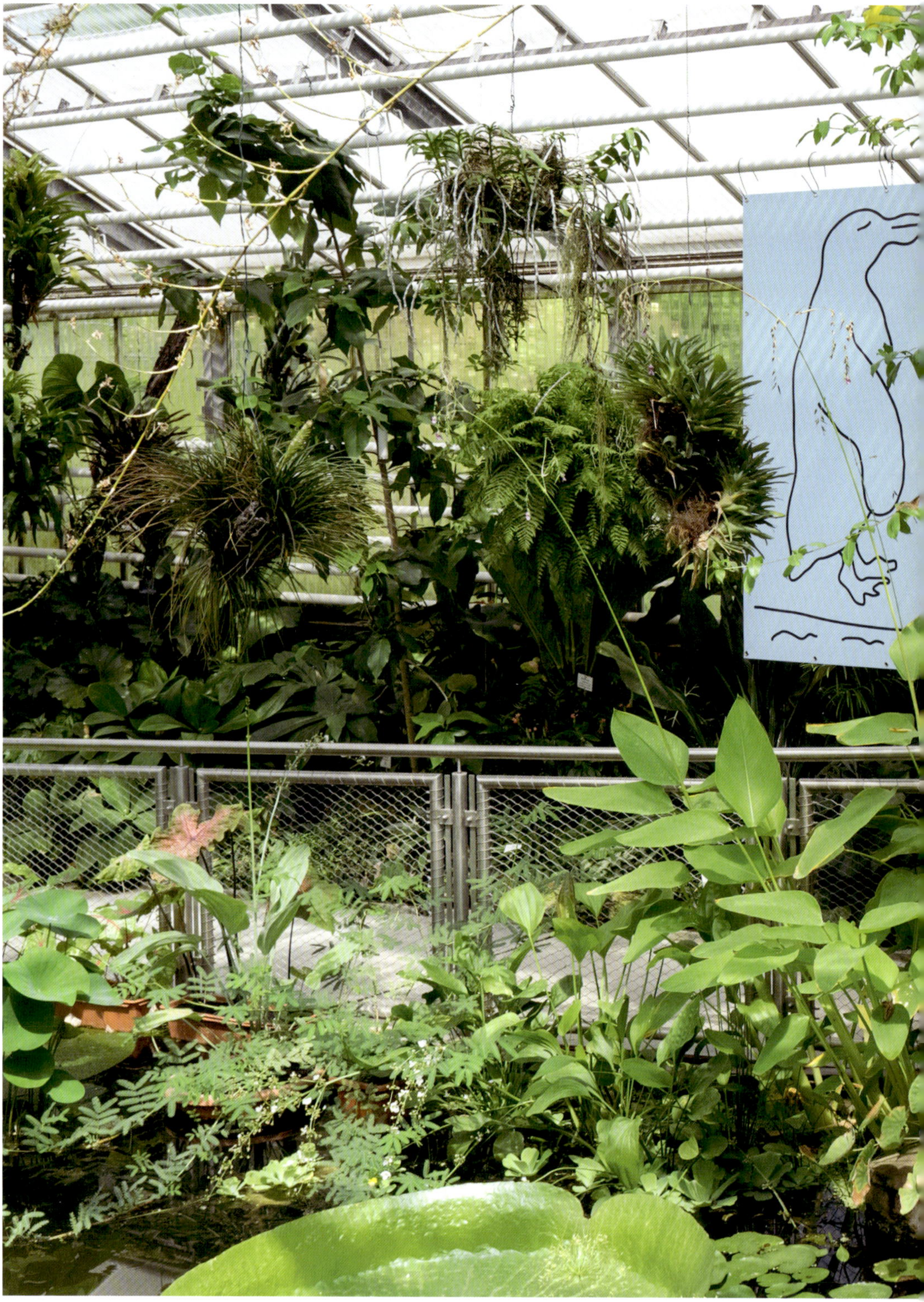

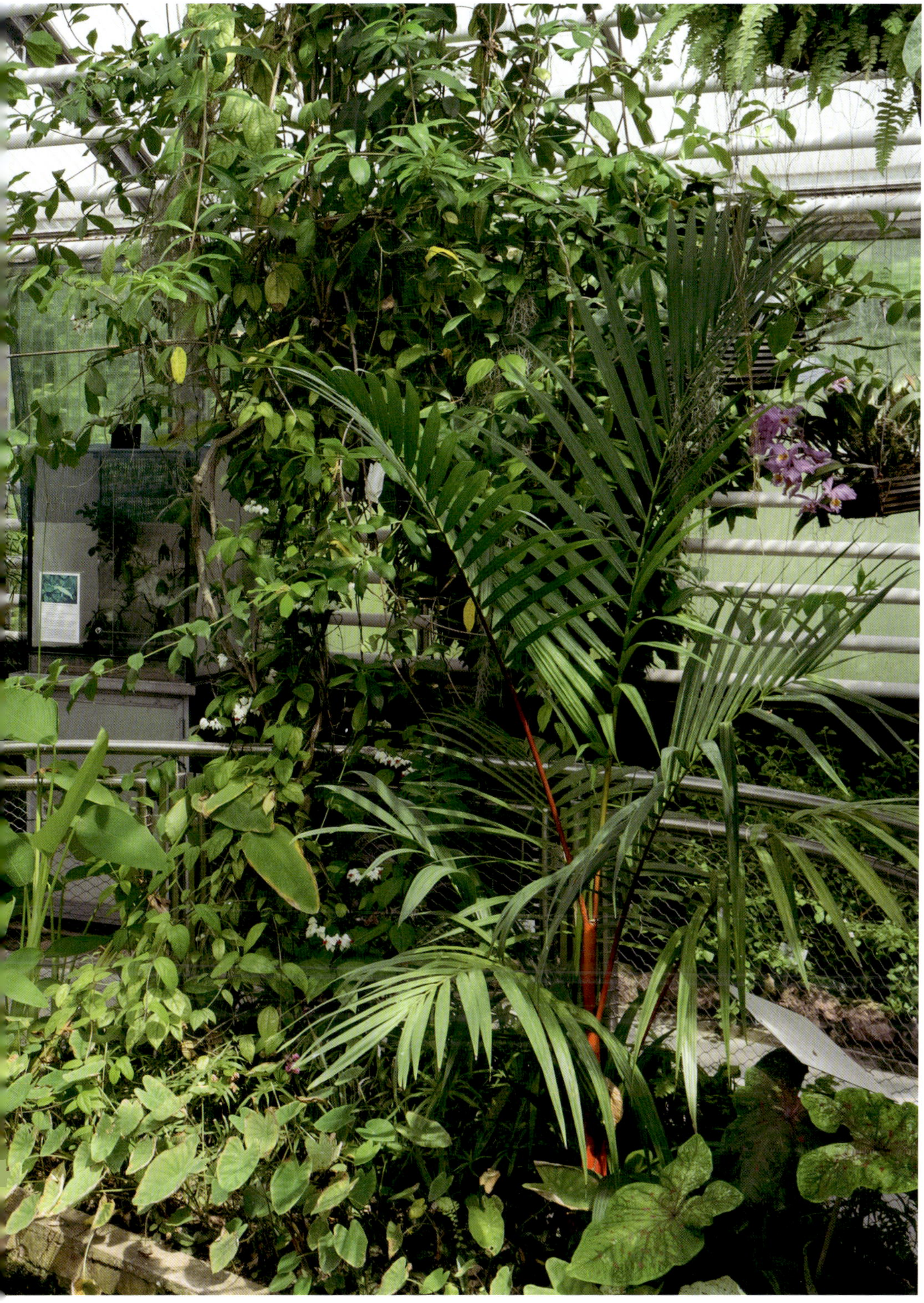

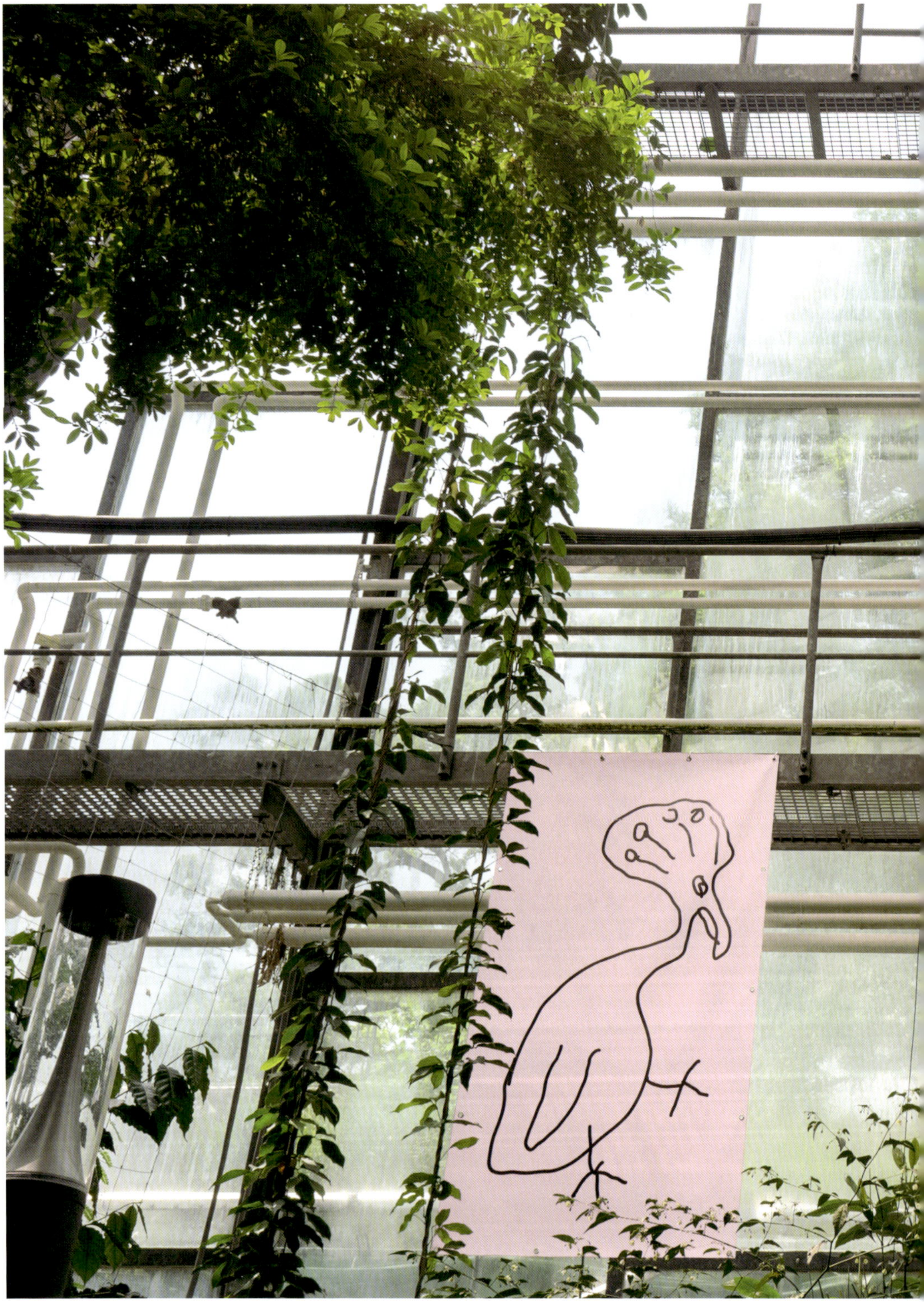

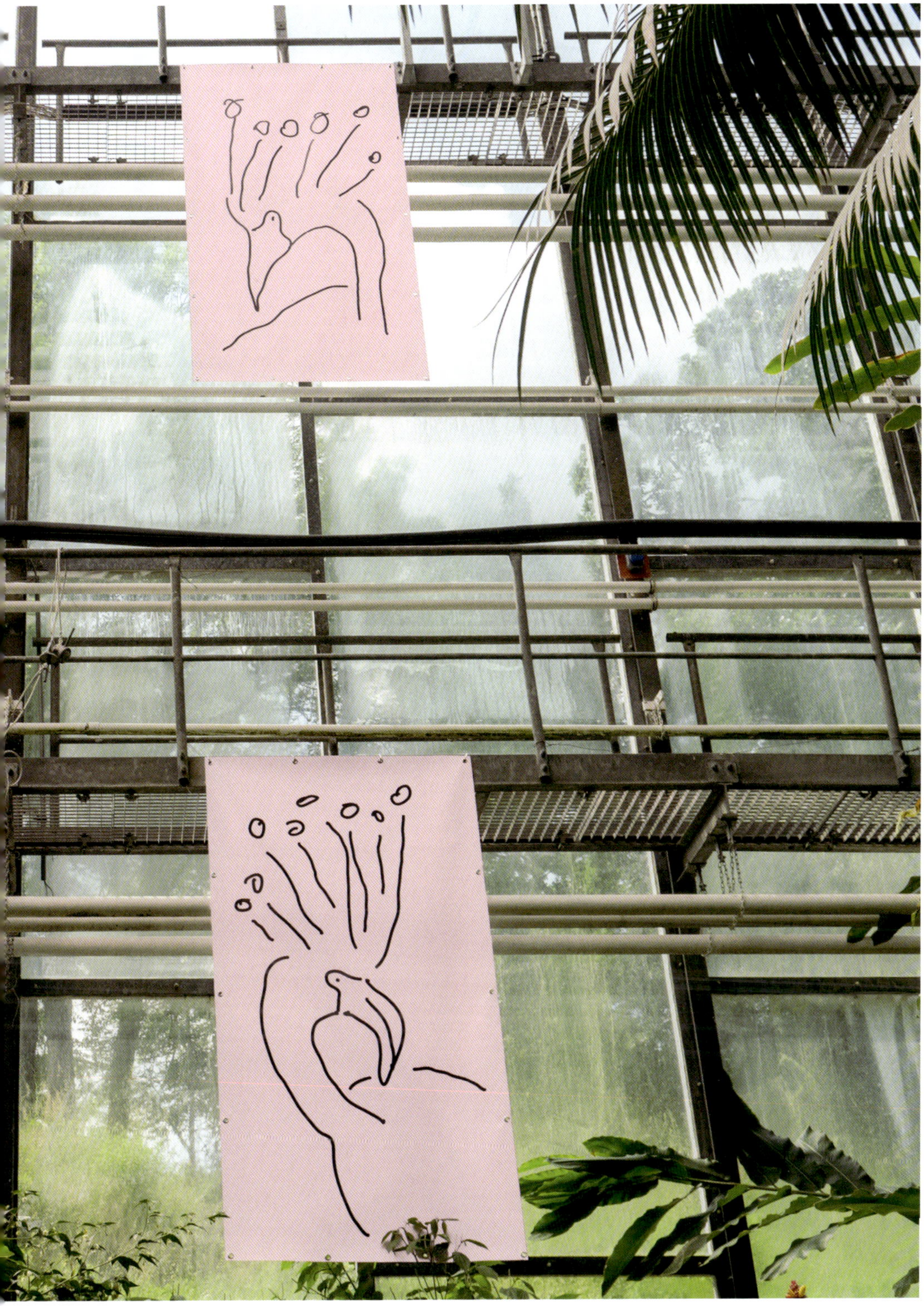

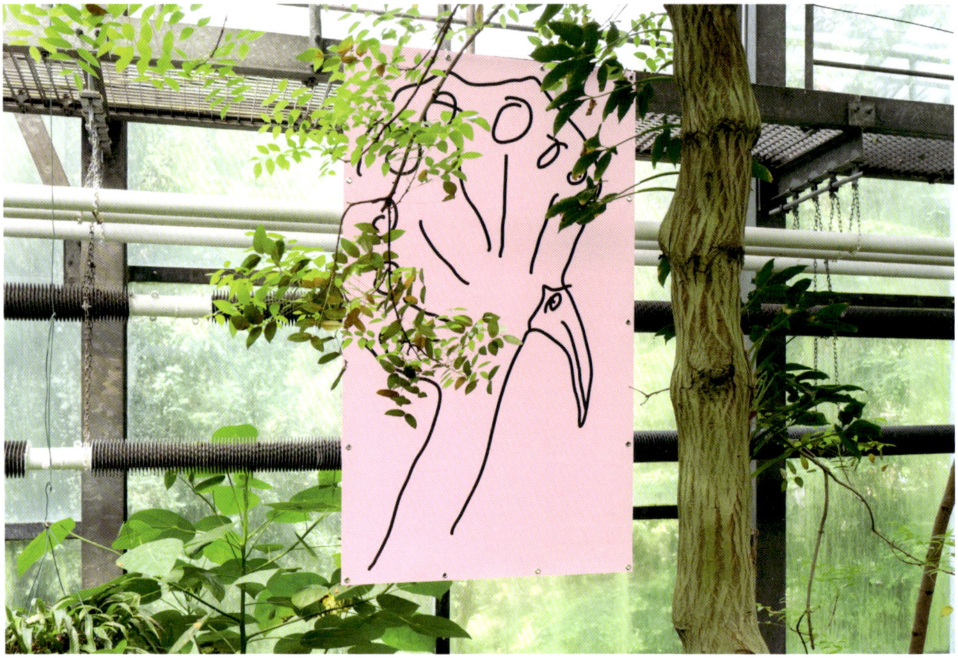

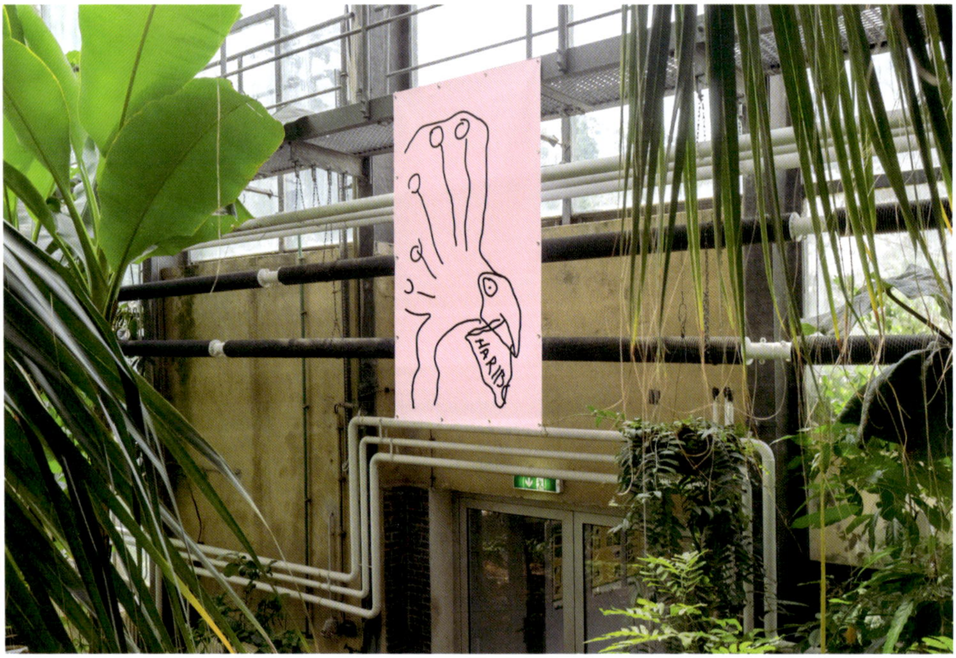

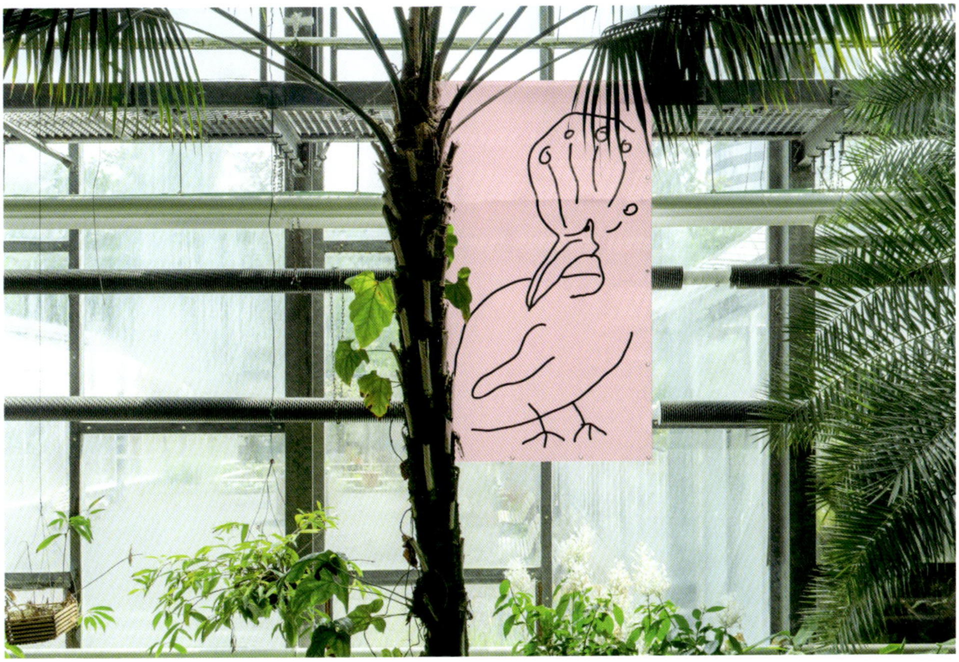

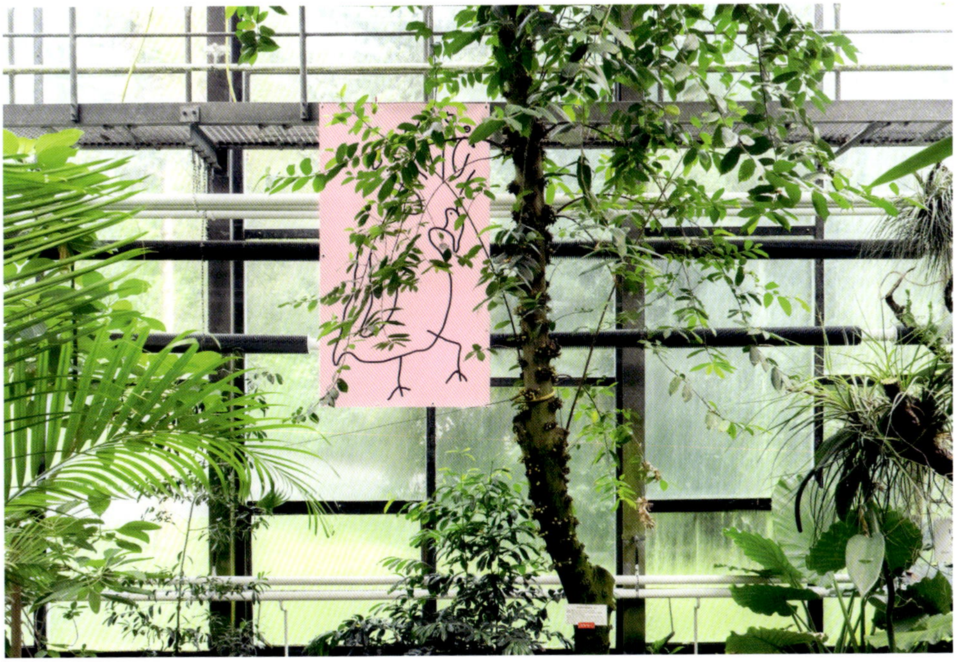

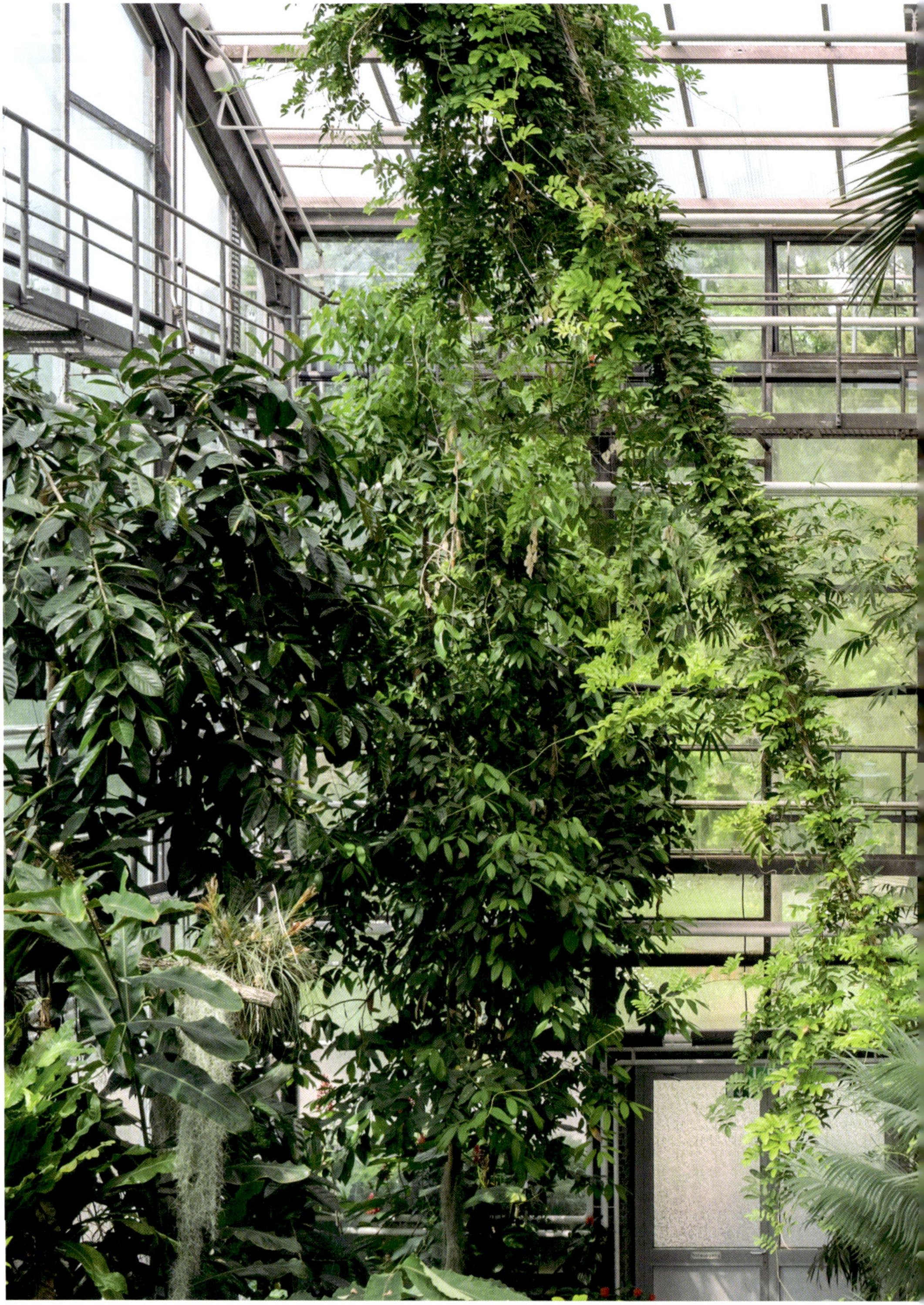

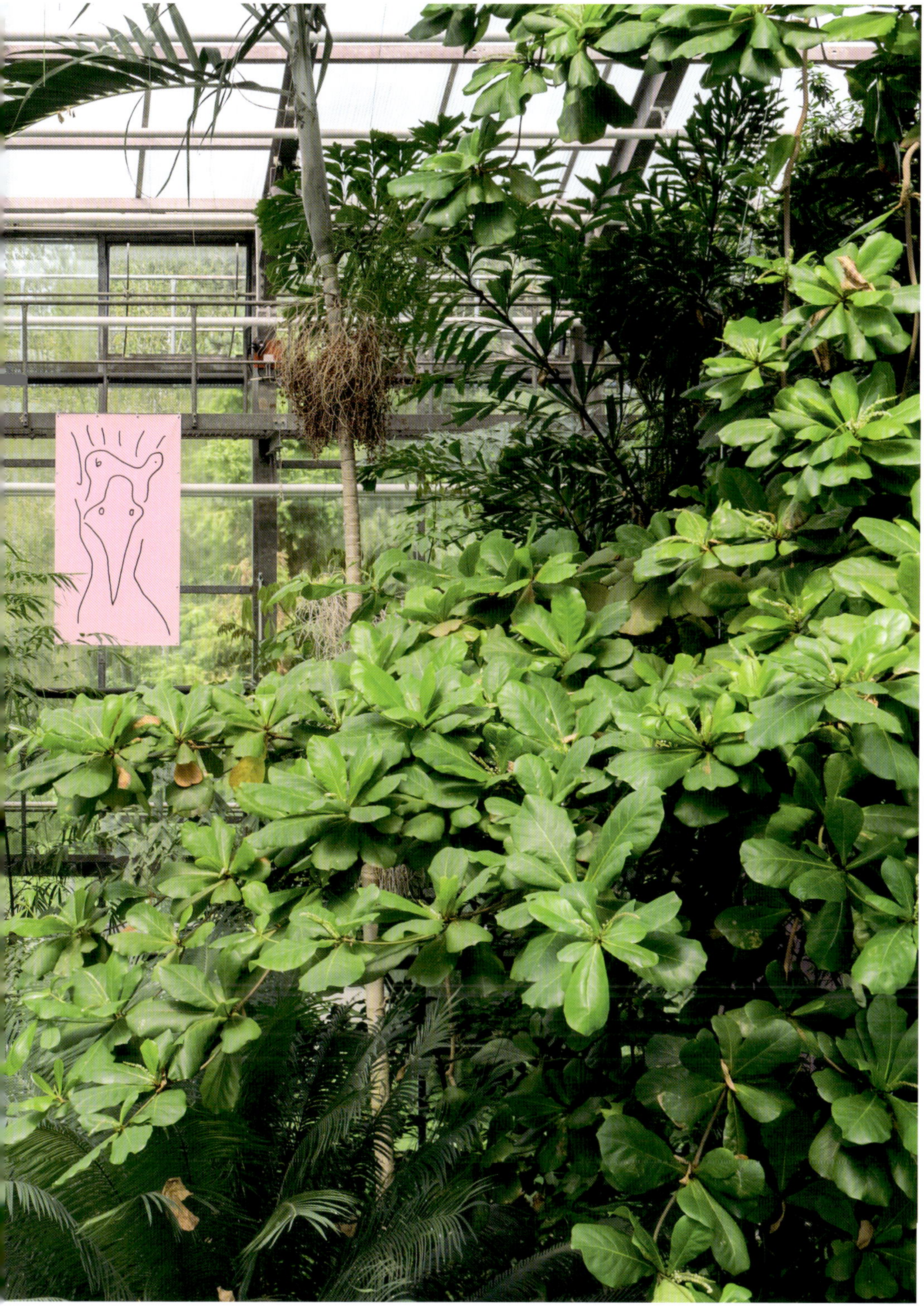

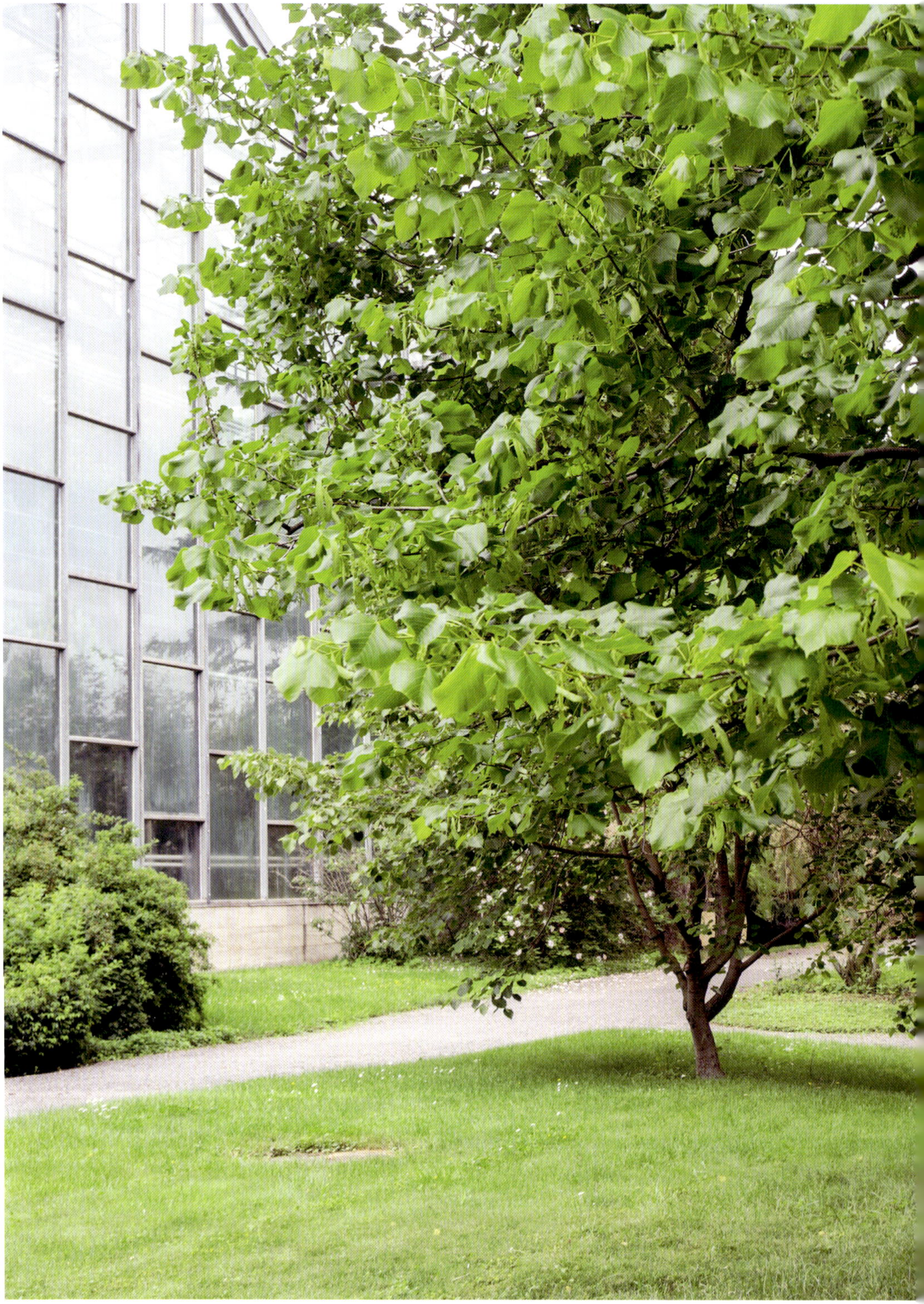

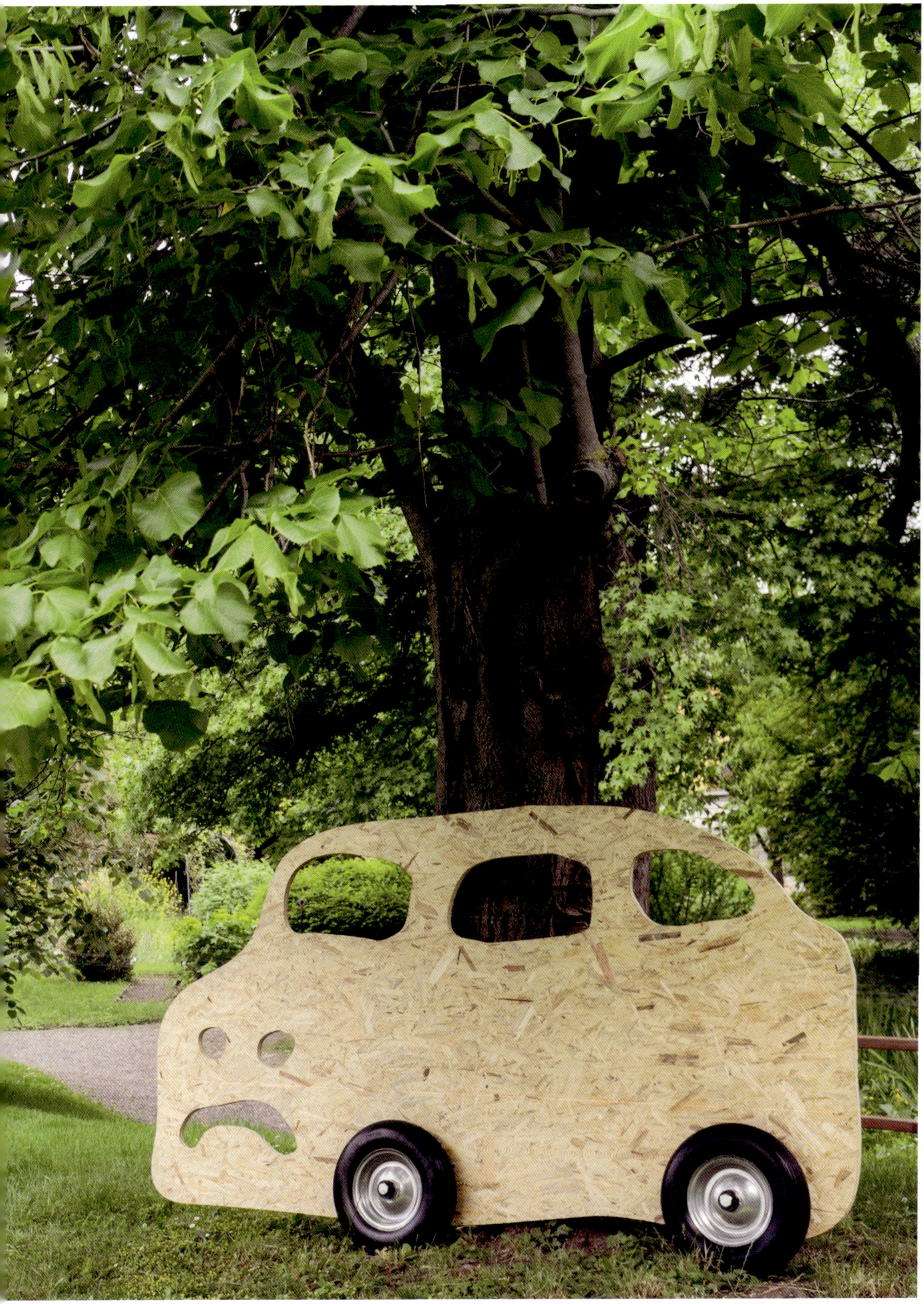

Museum Starnberger See

Prolog

PVC-Aufkleber auf Katalogseiten
des ehemaligen Heimatmuseums Stadt Starnberg

Prologue

PVC stickers on catalogue pages
of the former Heimatmuseum Stadt Starnberg

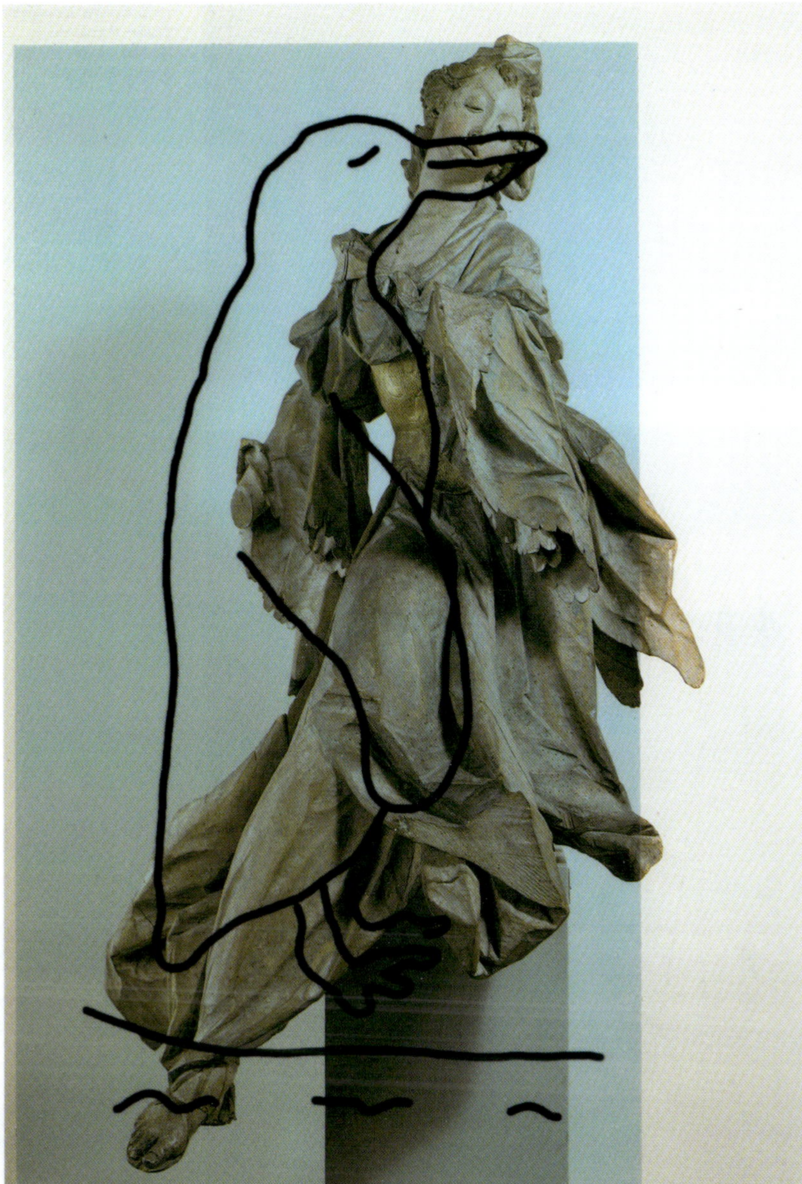

43

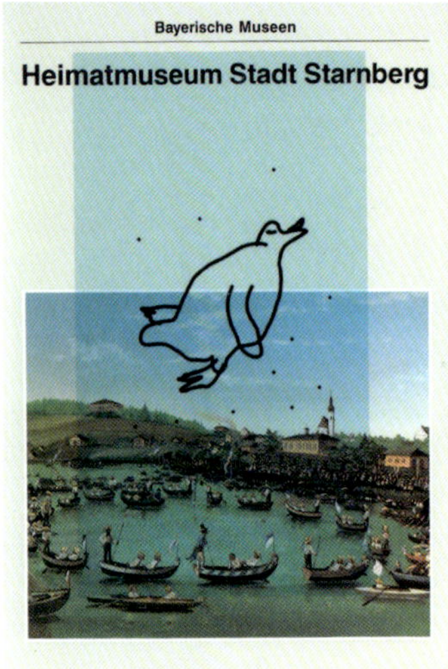
Bayerische Museen
Heimatmuseum Stadt Starnberg

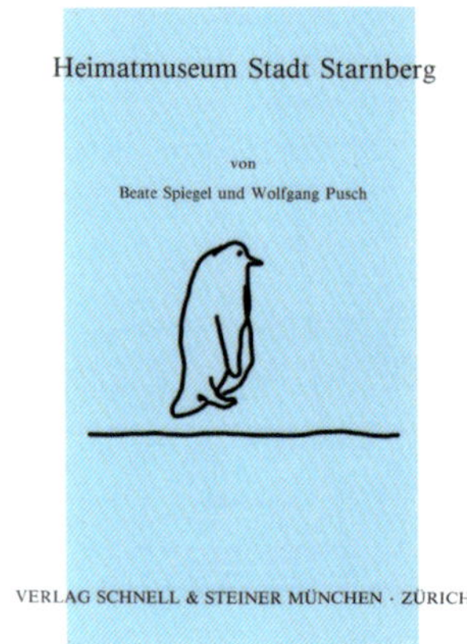
Heimatmuseum Stadt Starnberg
von
Beate Spiegel und Wolfgang Pusch
VERLAG SCHNELL & STEINER MÜNCHEN · ZÜRICH

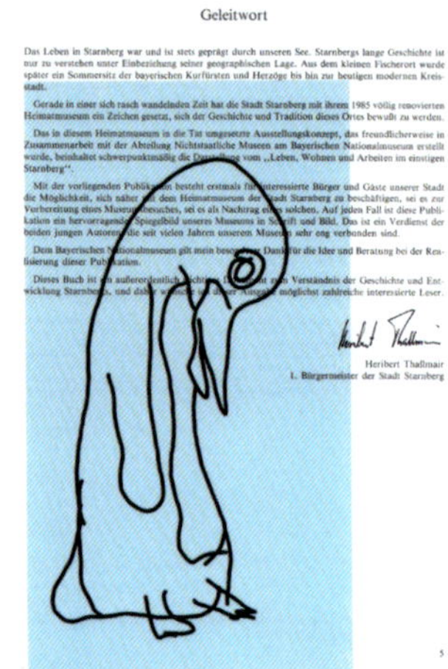
Geleitwort
Heribert Thallmair
1. Bürgermeister der Stadt Starnberg
5

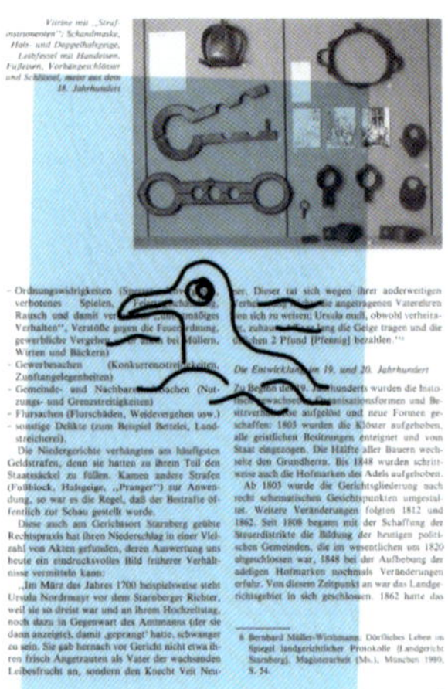
13

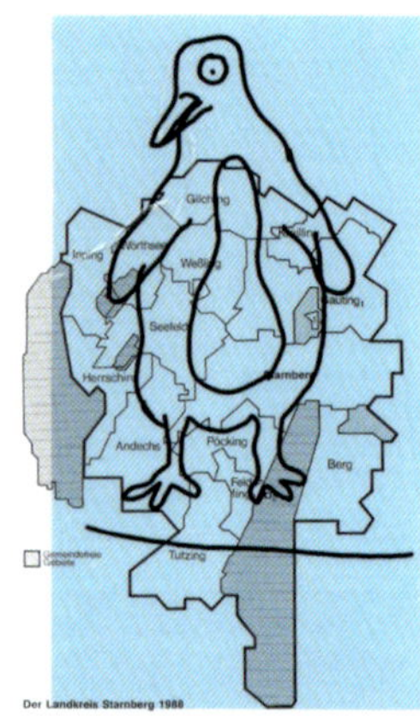
Gilching
Weßling
Seefeld
Herrsching
Andechs
Pöcking
Starnberg
Berg
Tutzing
Der Landkreis Starnberg 1988
15

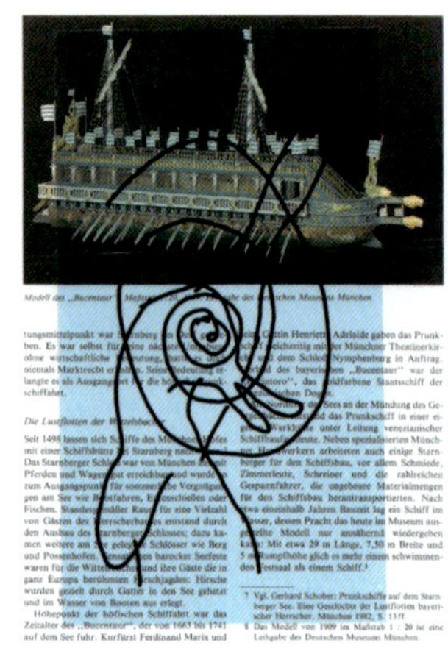
17

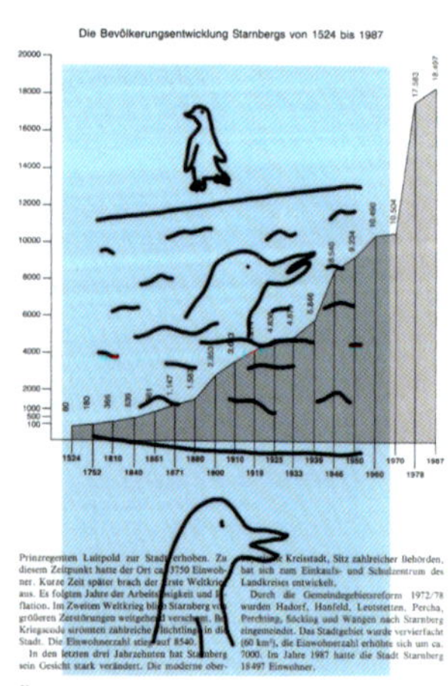
Die Bevölkerungsentwicklung Starnbergs von 1524 bis 1987
28

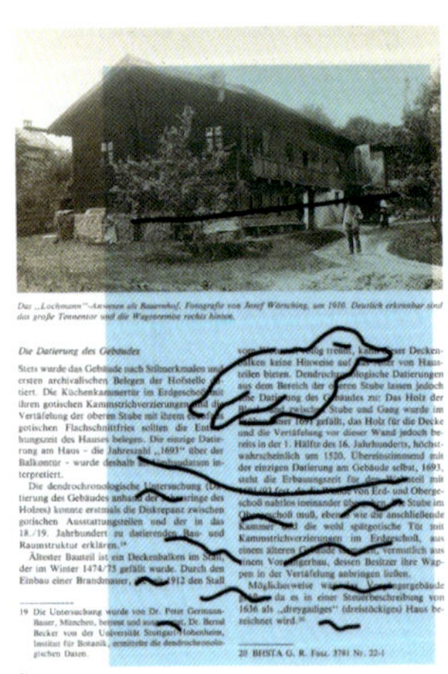
30

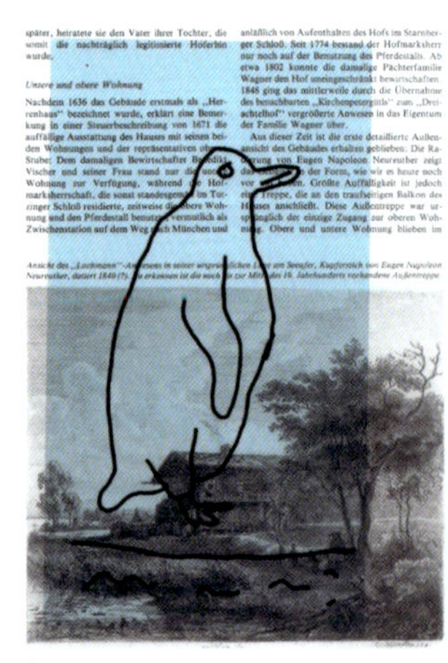
32

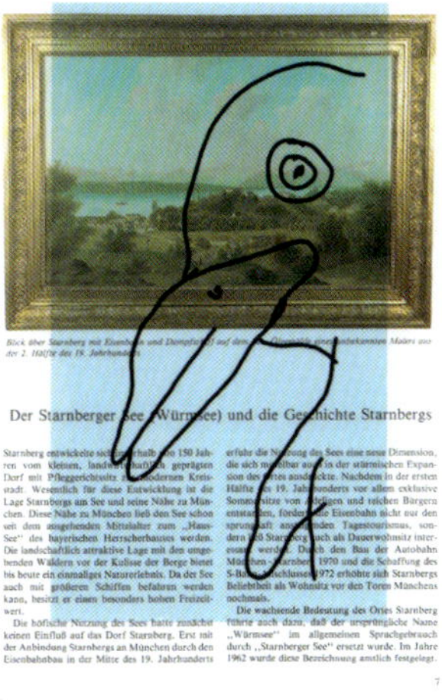
Der Starnberger See (Würmsee) und die Geschichte Starnbergs
7

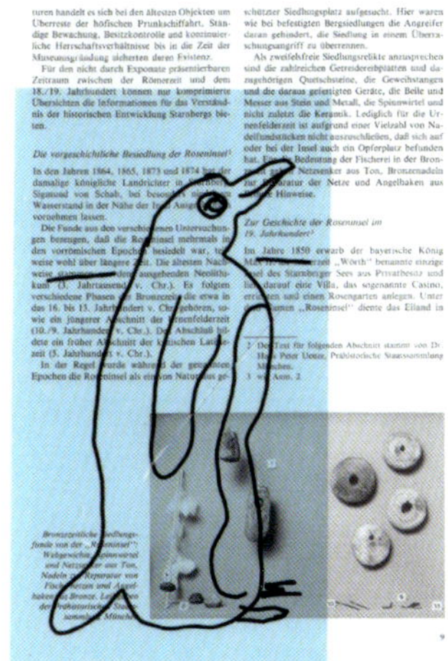
Die vorgeschichtliche Besiedlung der Roseninsel
Zur Geschichte der Roseninsel im 19. Jahrhundert
9

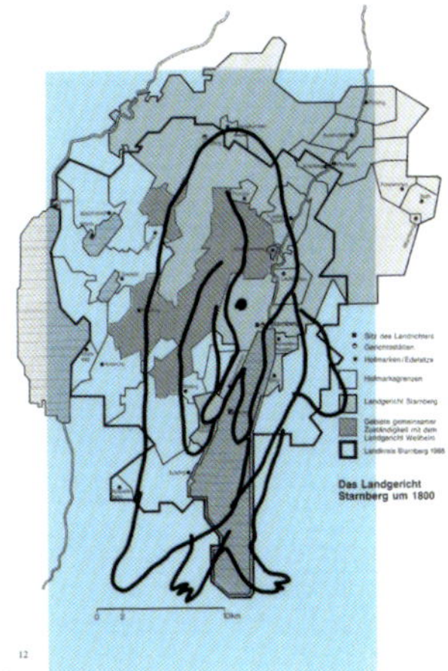
Das Landgericht Starnberg um 1800
12

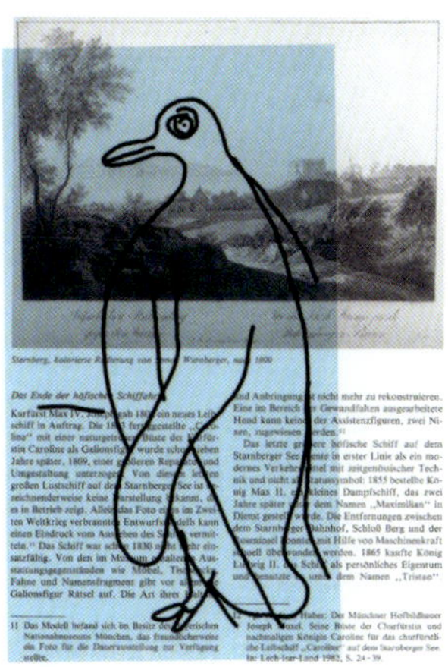
Das Ende der höfischen Schiffahrt
21

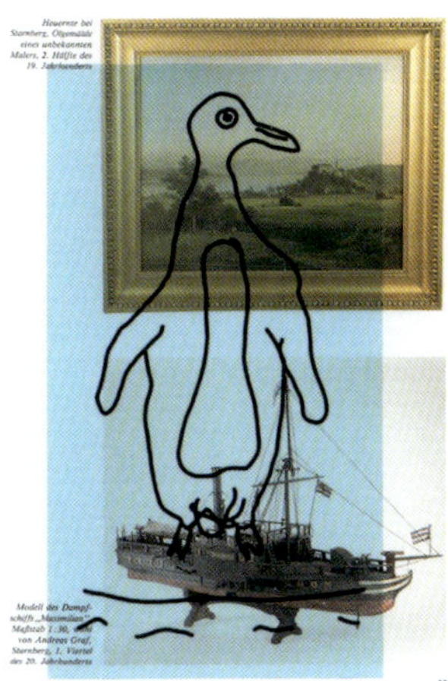
23

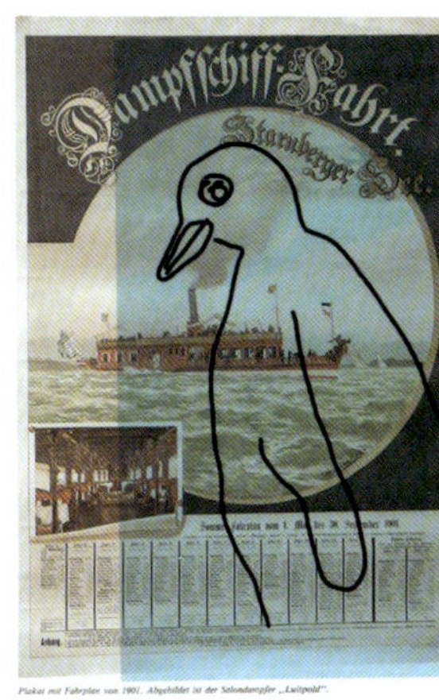
Dampfschiff-Fahrt
Starnberger See
Plakat mit Fahrplan von 1901. Abgebildet ist der Salondampfer „Luitpold".
25

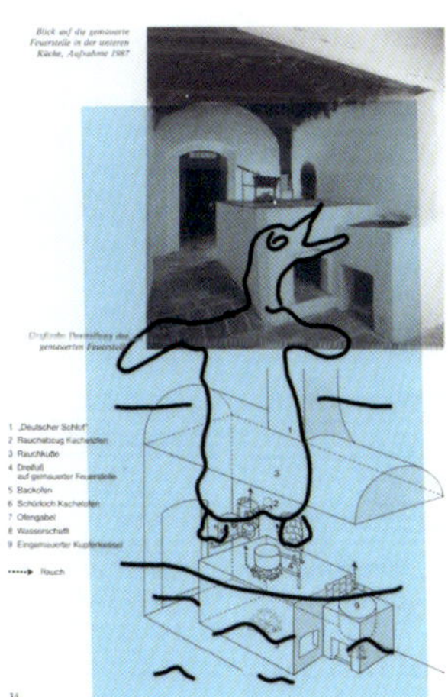
34

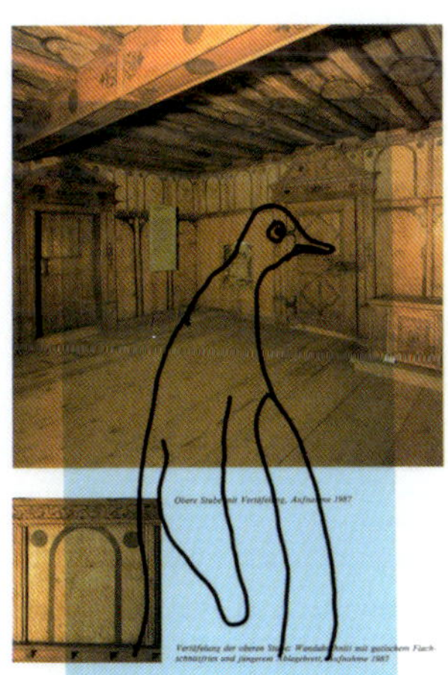
36

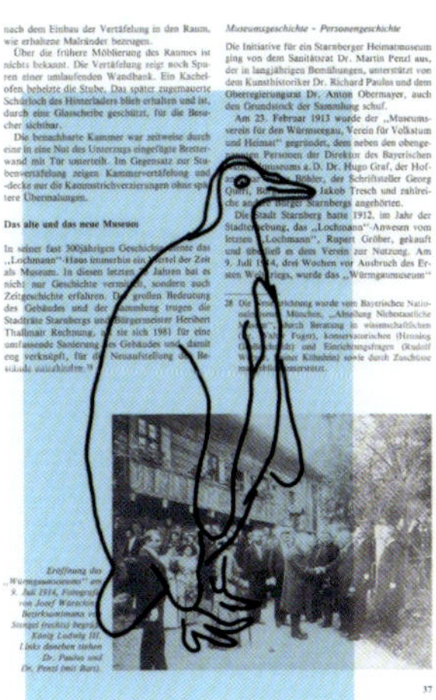
Museumsgeschichte – Personengeschichte
Das alte und das neue Museum
37

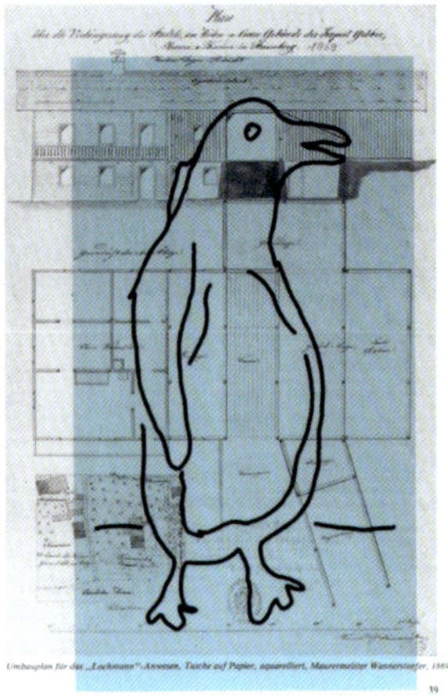

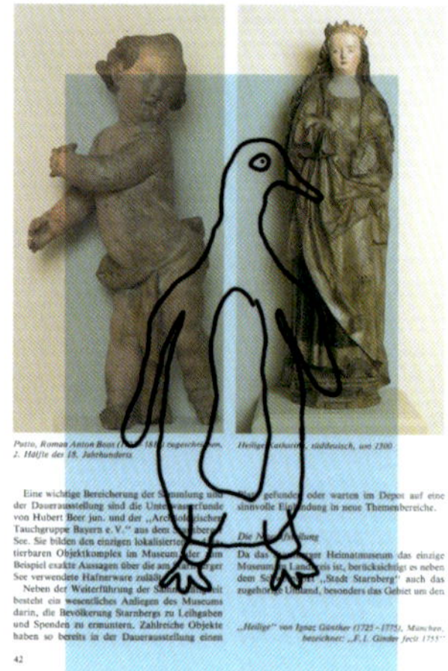

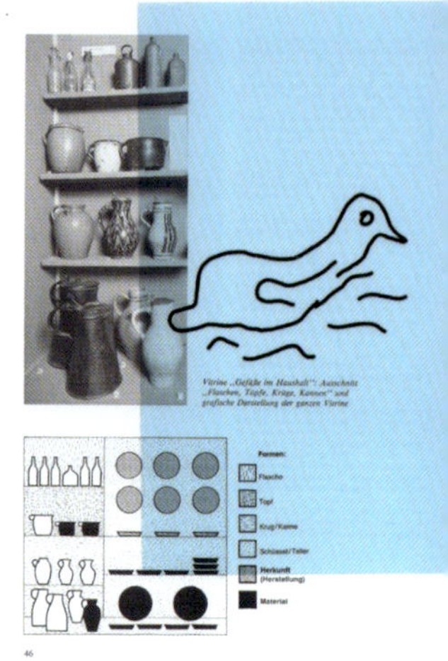

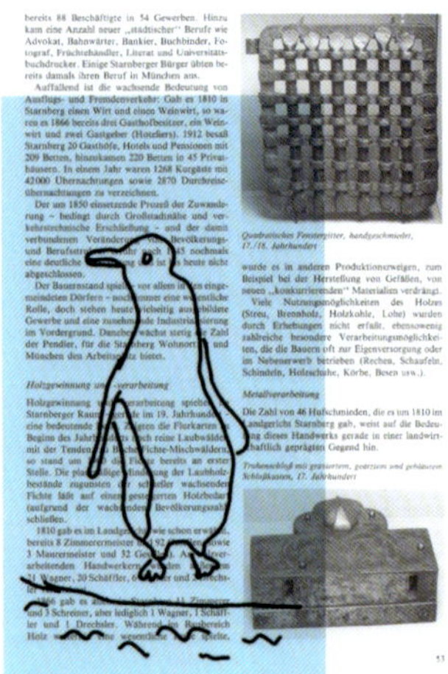

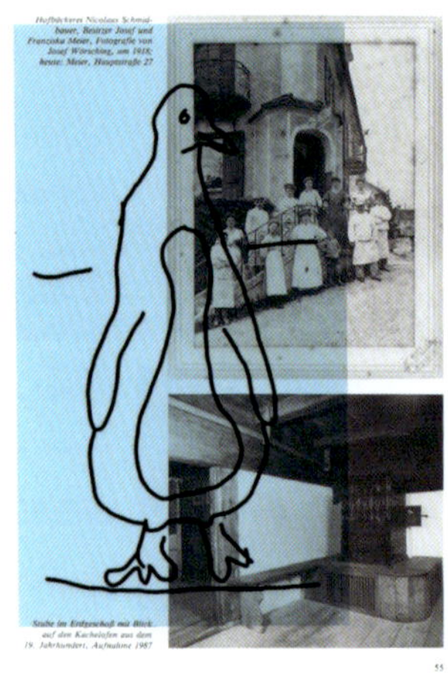

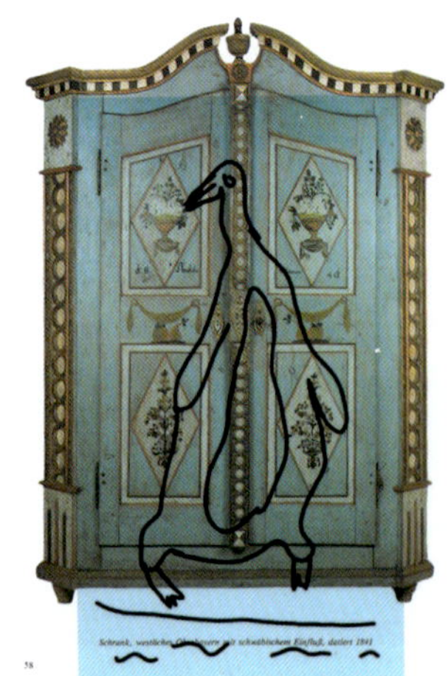

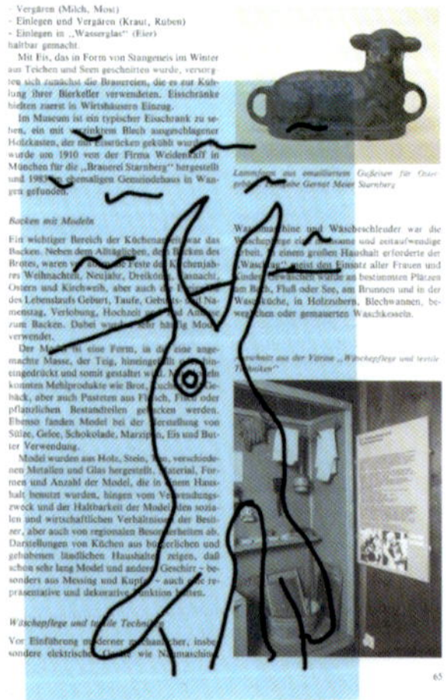

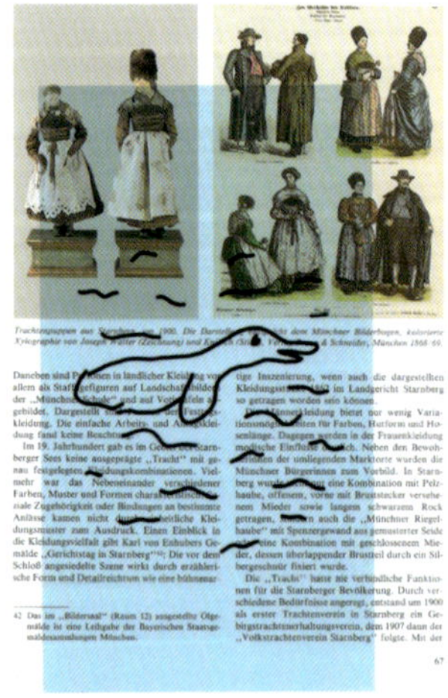

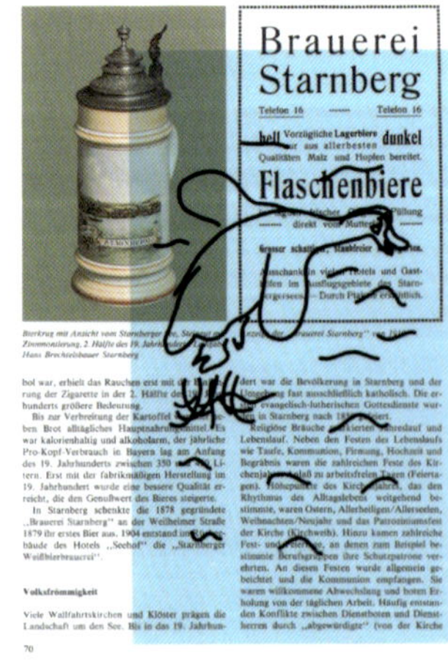
Brauerei
Starnberg
Flaschenbiere

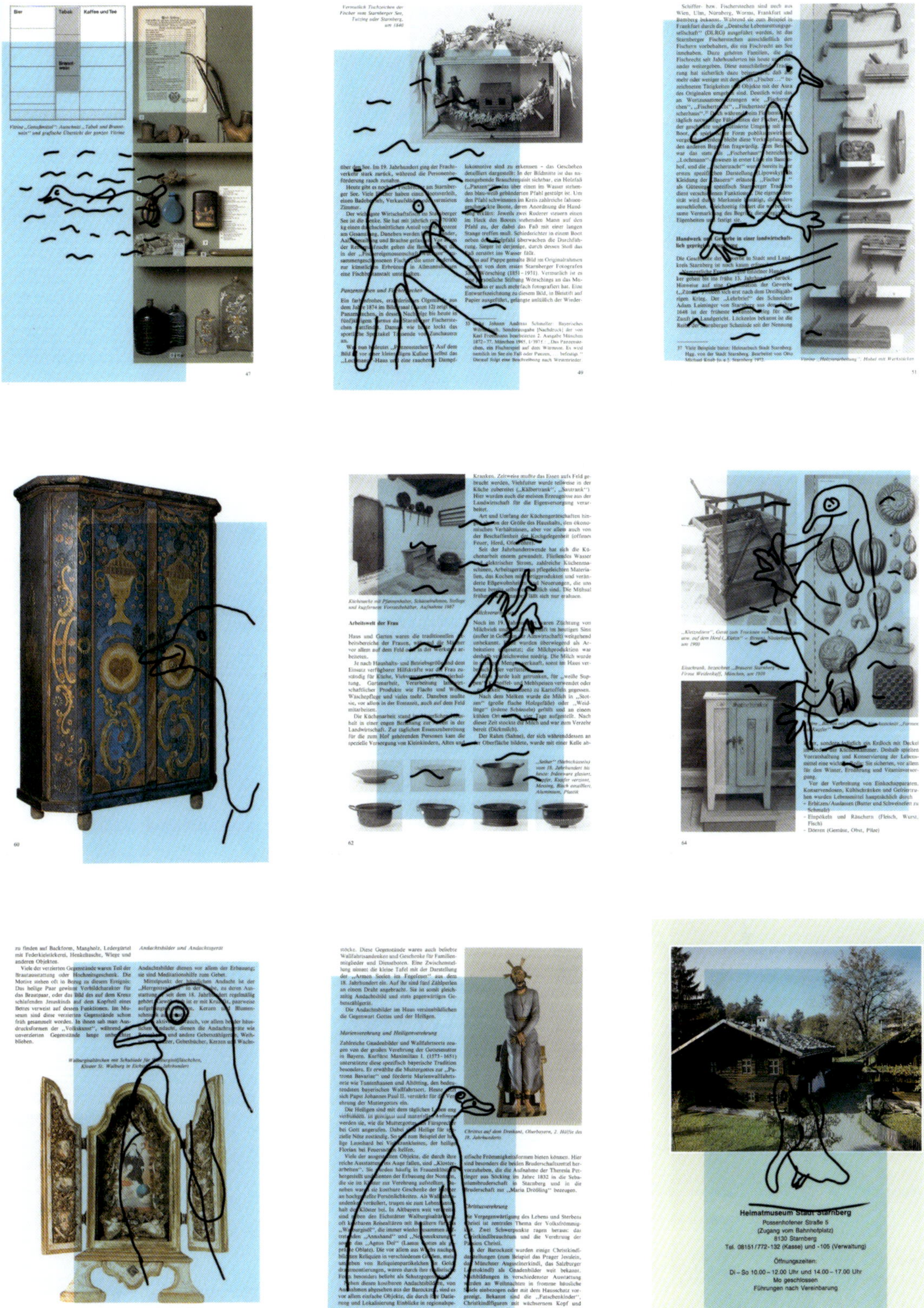
Heimatmuseum Stadt Starnberg
Possenhofener Straße 5
(Zugang vom Bahnhofplatz)
8130 Starnberg
Tel. 08151/772-132 (Kasse) und -105 (Verwaltung)
Öffnungszeiten:
Di – So 10.00 – 12.00 Uhr und 14.00 – 17.00 Uhr
Mo geschlossen
Führungen nach Vereinbarung
Bayerische Museen Schnell & Steiner

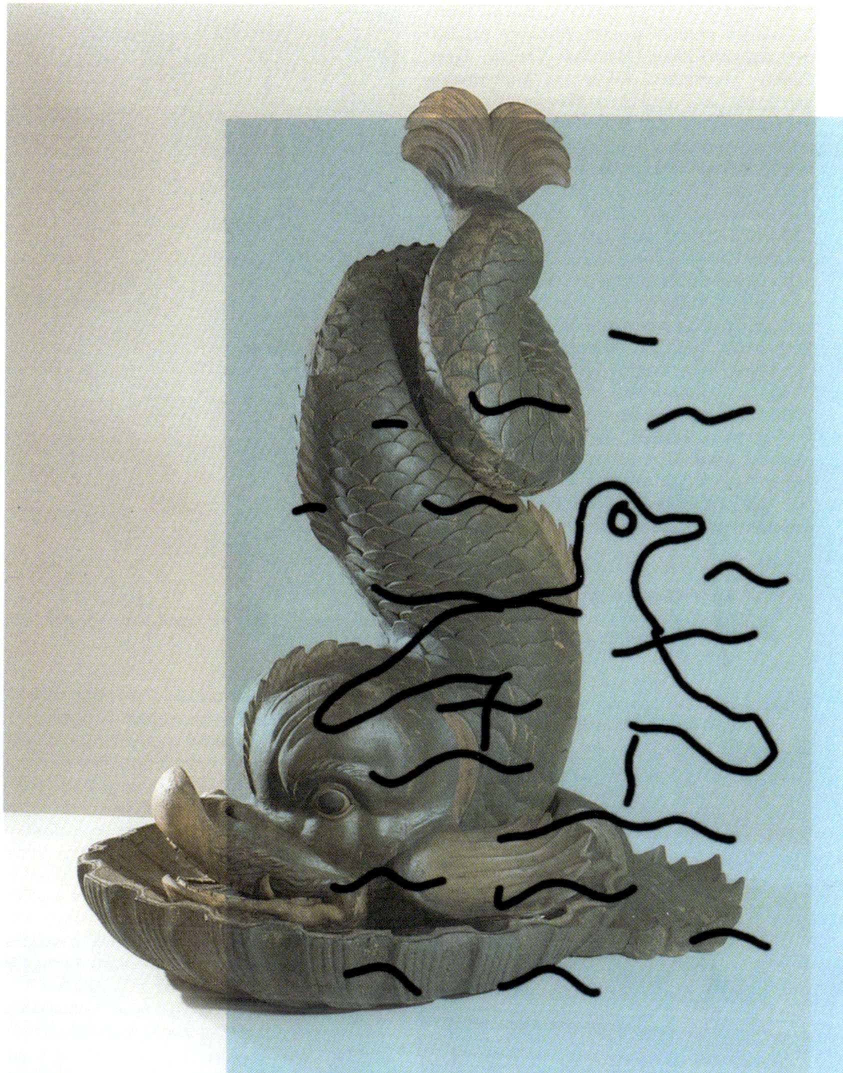

Galionsfigur ,,Delphin'', Herkunft unbekannt, entstanden um 1820/25

20

Rettet unsere Pinguine

Aktion an der Uferpromenade
des Starnberger Sees

Save our penguins

Action on the lakeside promenade
of Lake Starnberg

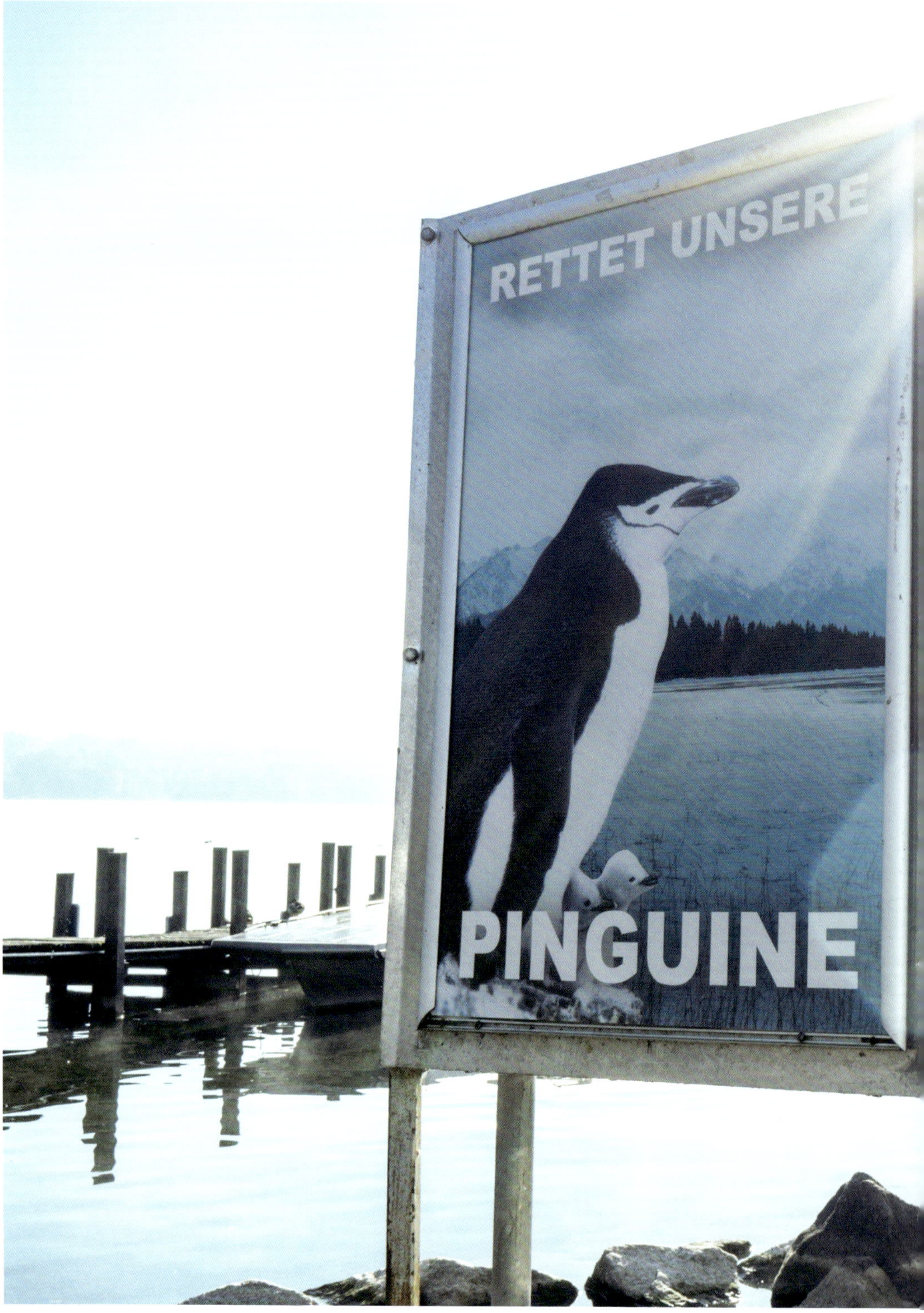
RETTET UNSERE
PINGUINE

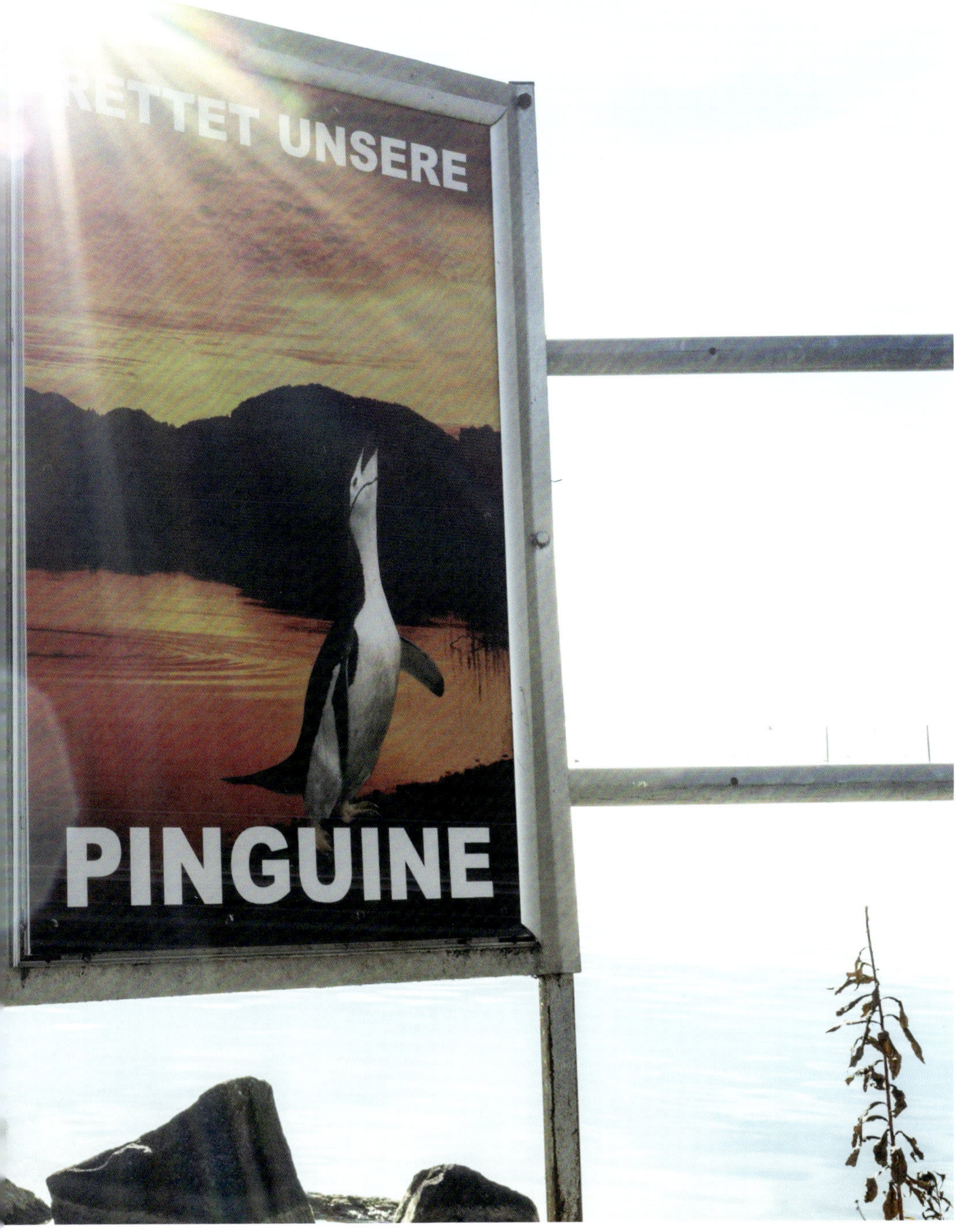
RETTET UNSERE
PINGUINE

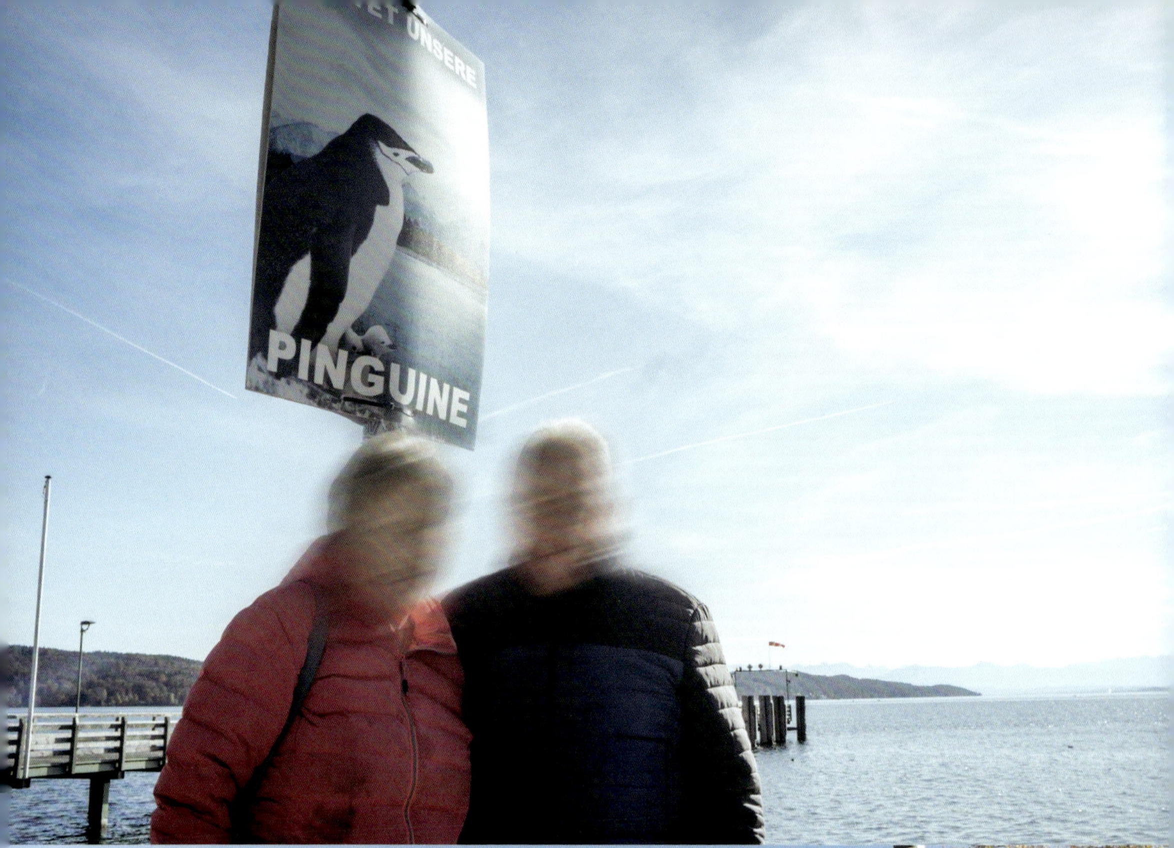
UNSERE
PINGUINE

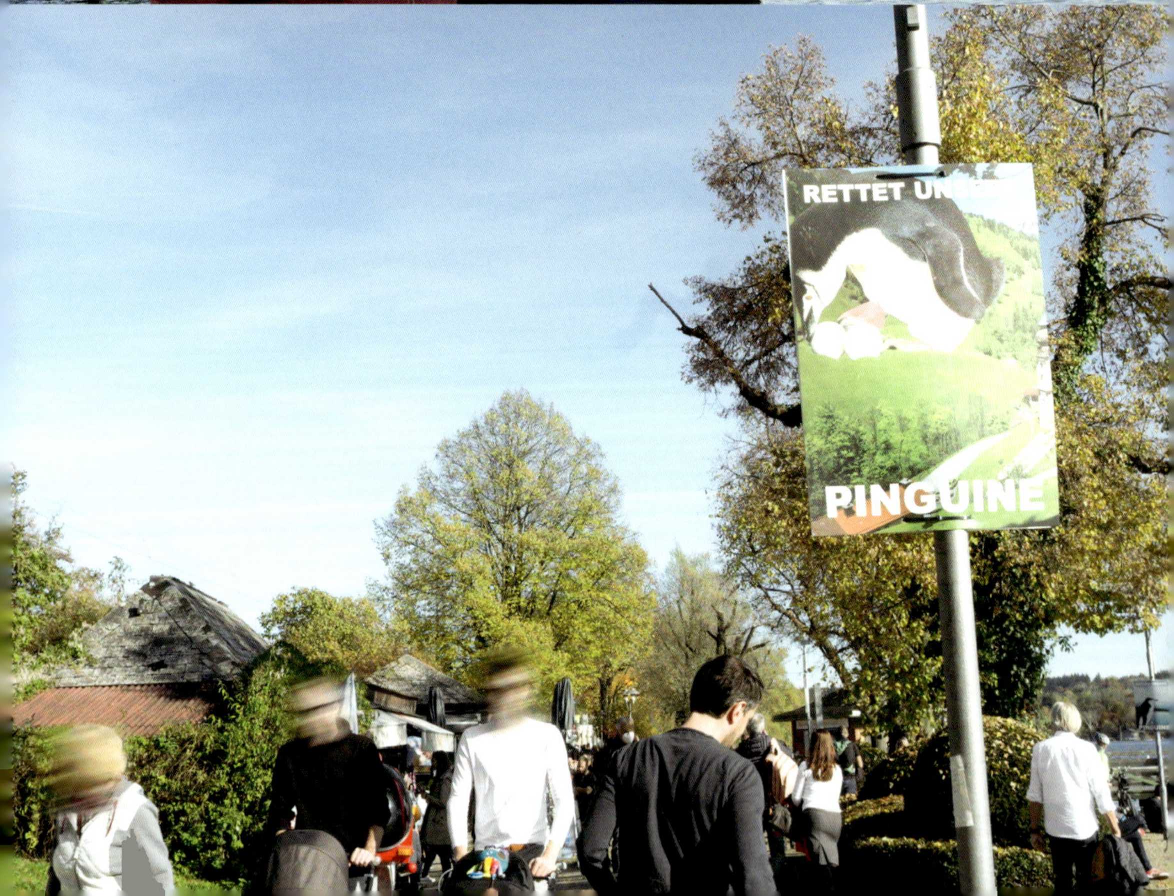
RETTET
PINGUINE

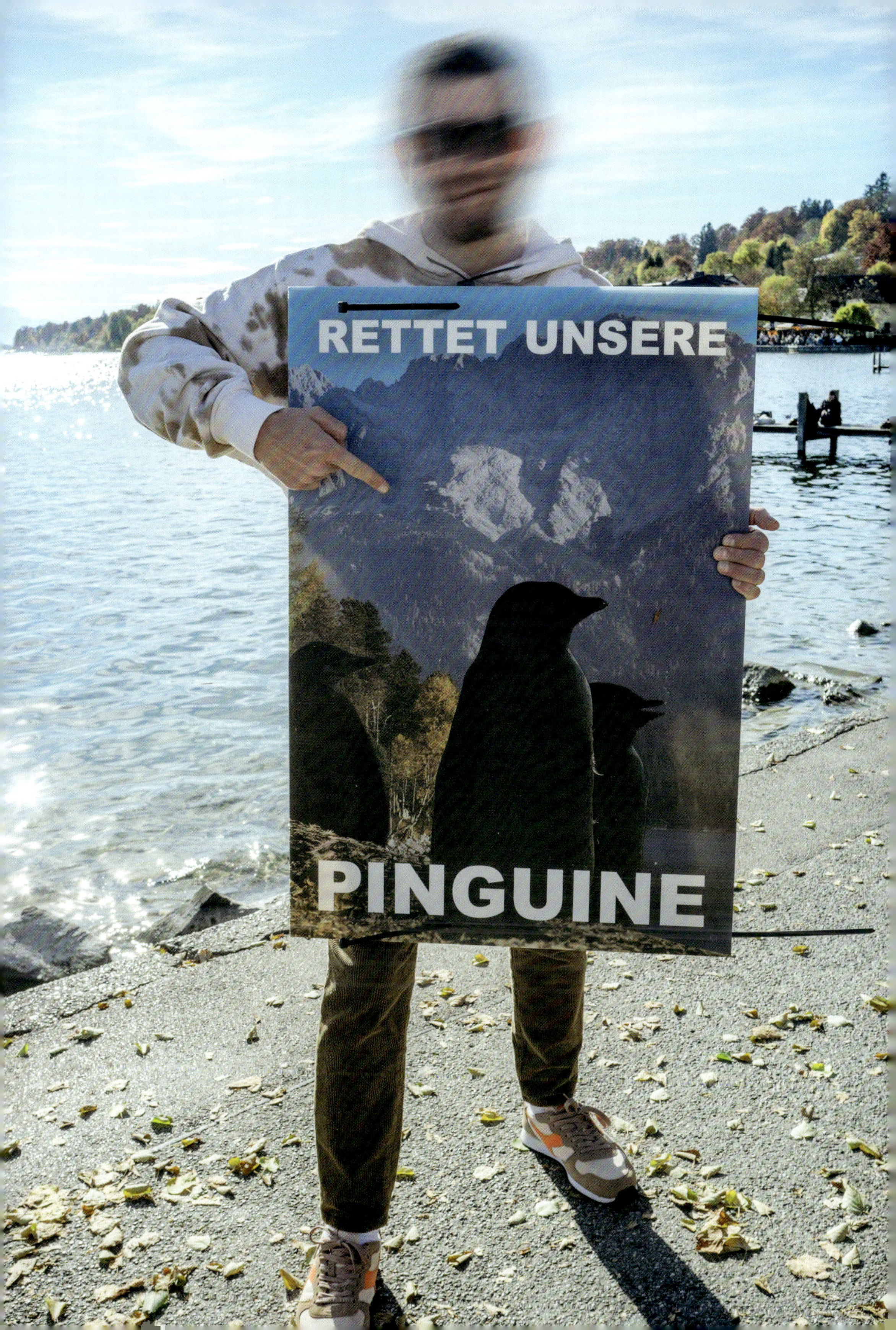
RETTET UNSERE
PINGUINE

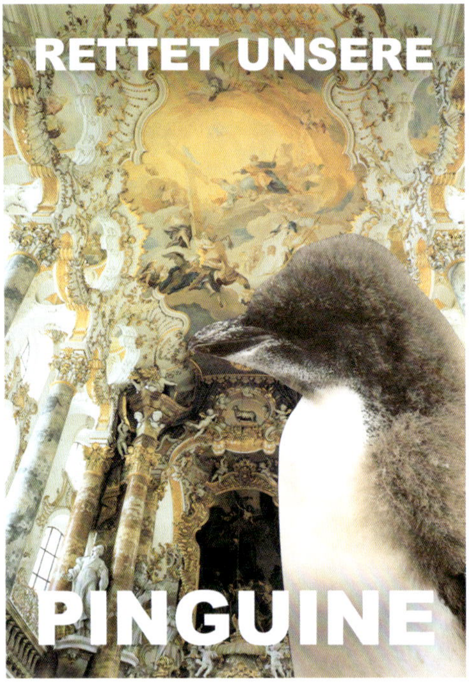
RETTET UNSERE
PINGUINE

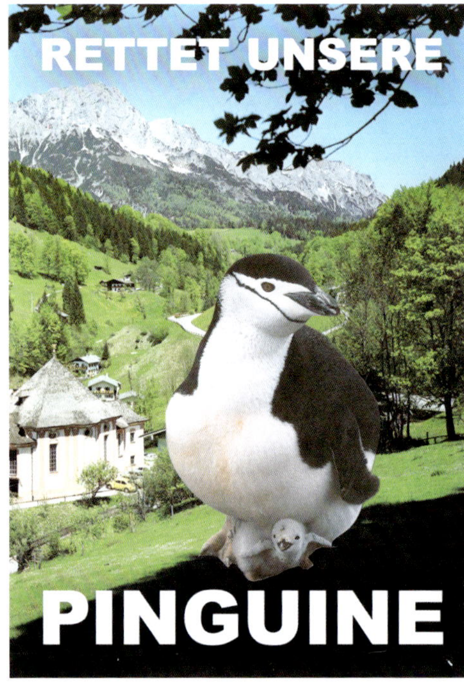
RETTET UNSERE
PINGUINE

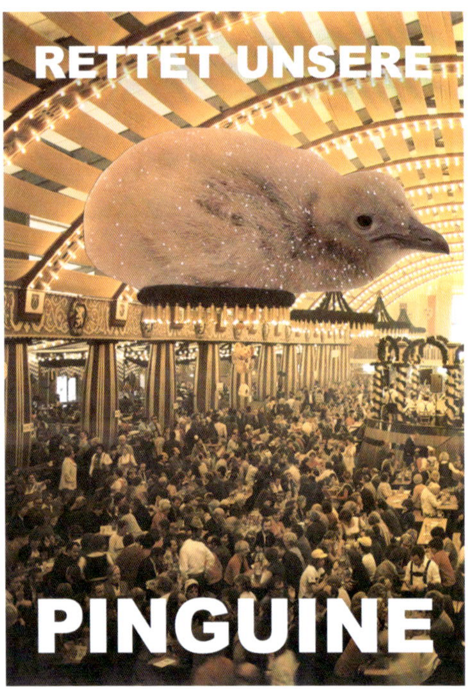
RETTET UNSERE
PINGUINE

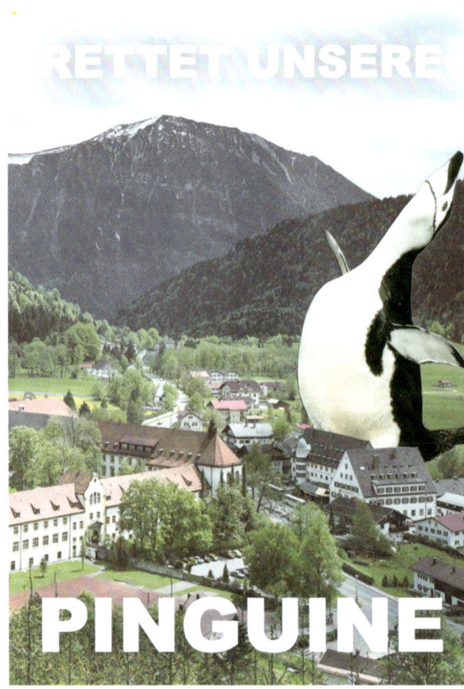
RETTET UNSERE
PINGUINE

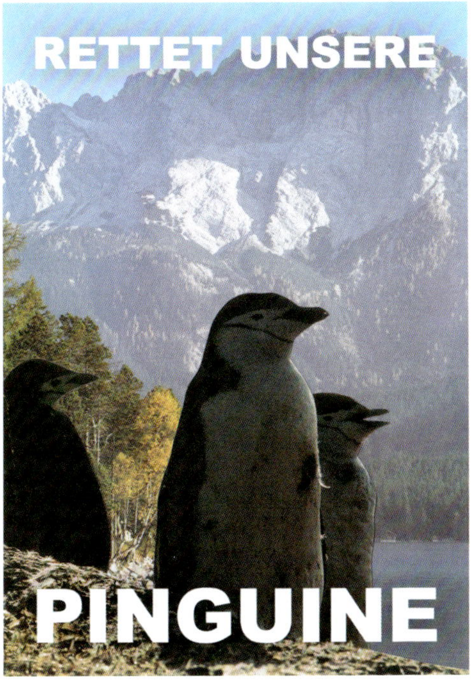
RETTET UNSERE
PINGUINE

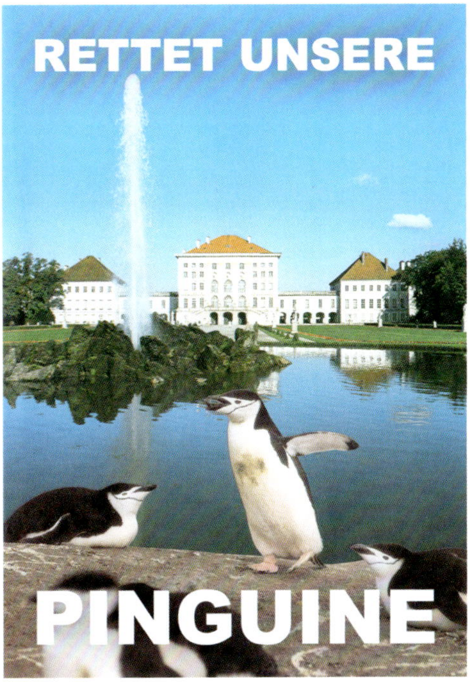
RETTET UNSERE
PINGUINE

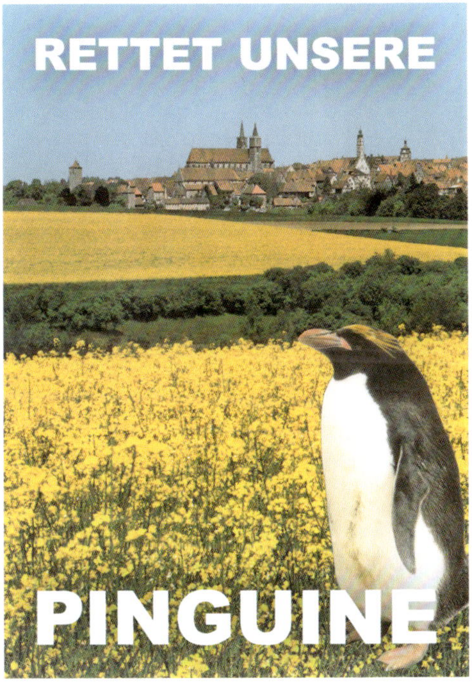
RETTET UNSERE
PINGUINE

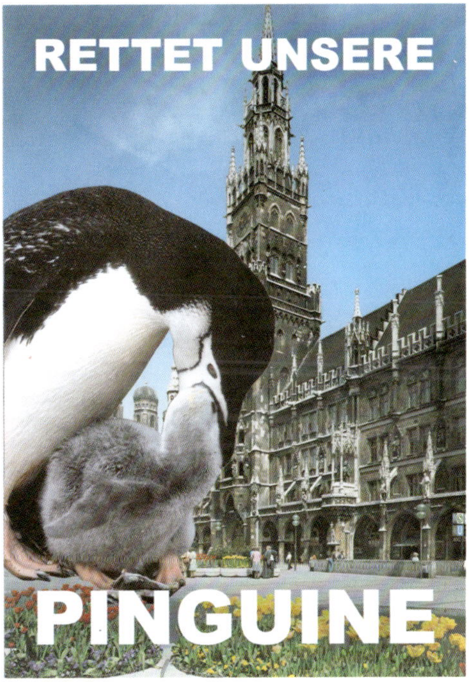
RETTET UNSERE
PINGUINE

Die Pinguine am Starnberger See sind beinahe ausgestorben

Intervention im Museum Starnberger See
Formgeschnittene Dämmstoffplatten
Handyzeichnungen auf PVC-Bannern

The penguins at Lake Starnberg are almost extinct

Intervention in the Museum Starnberger See
Shape-cut insulation panels
Cell phone drawings on PVC banners

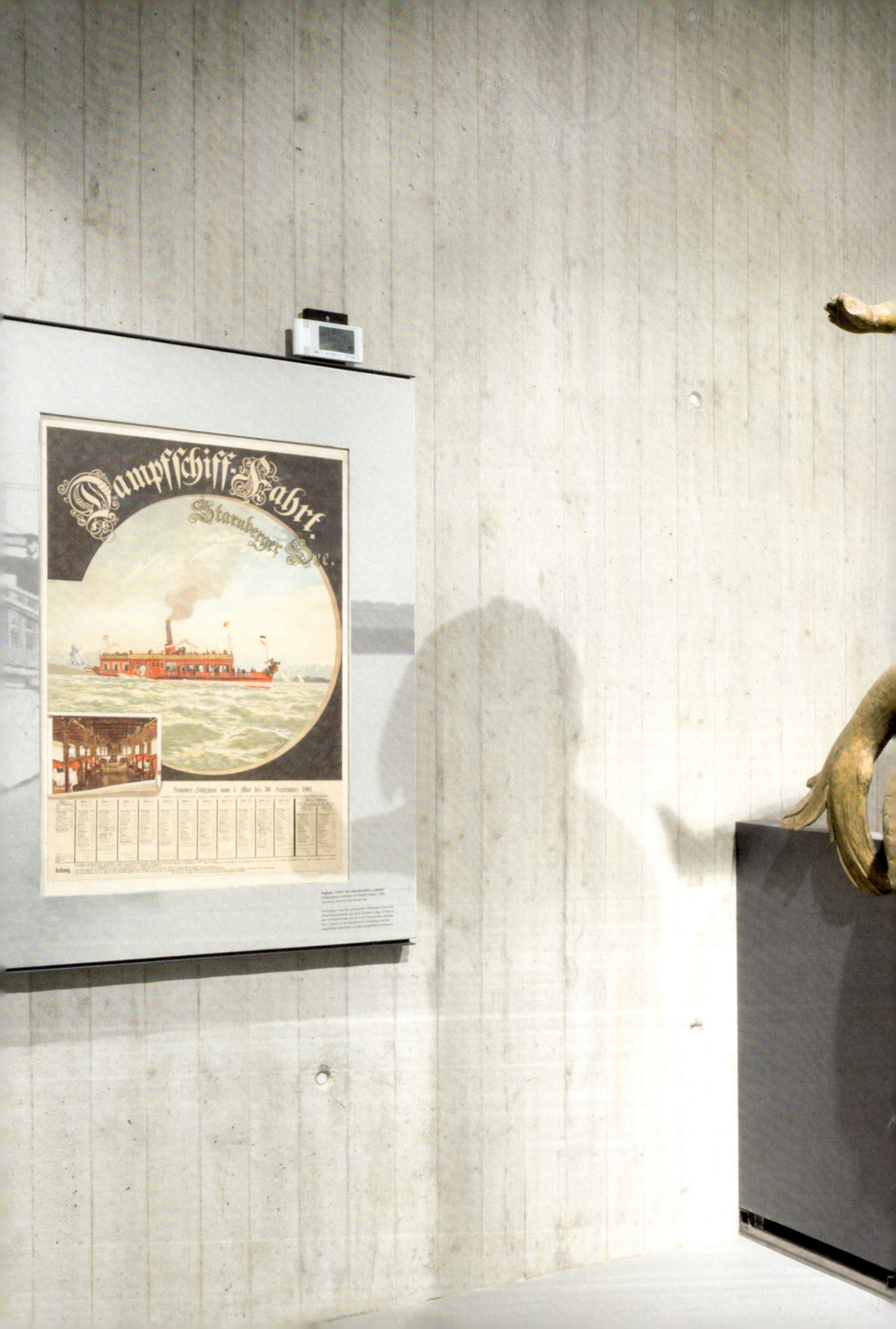
Dampfschiff-Fahrt
Starnberger See.

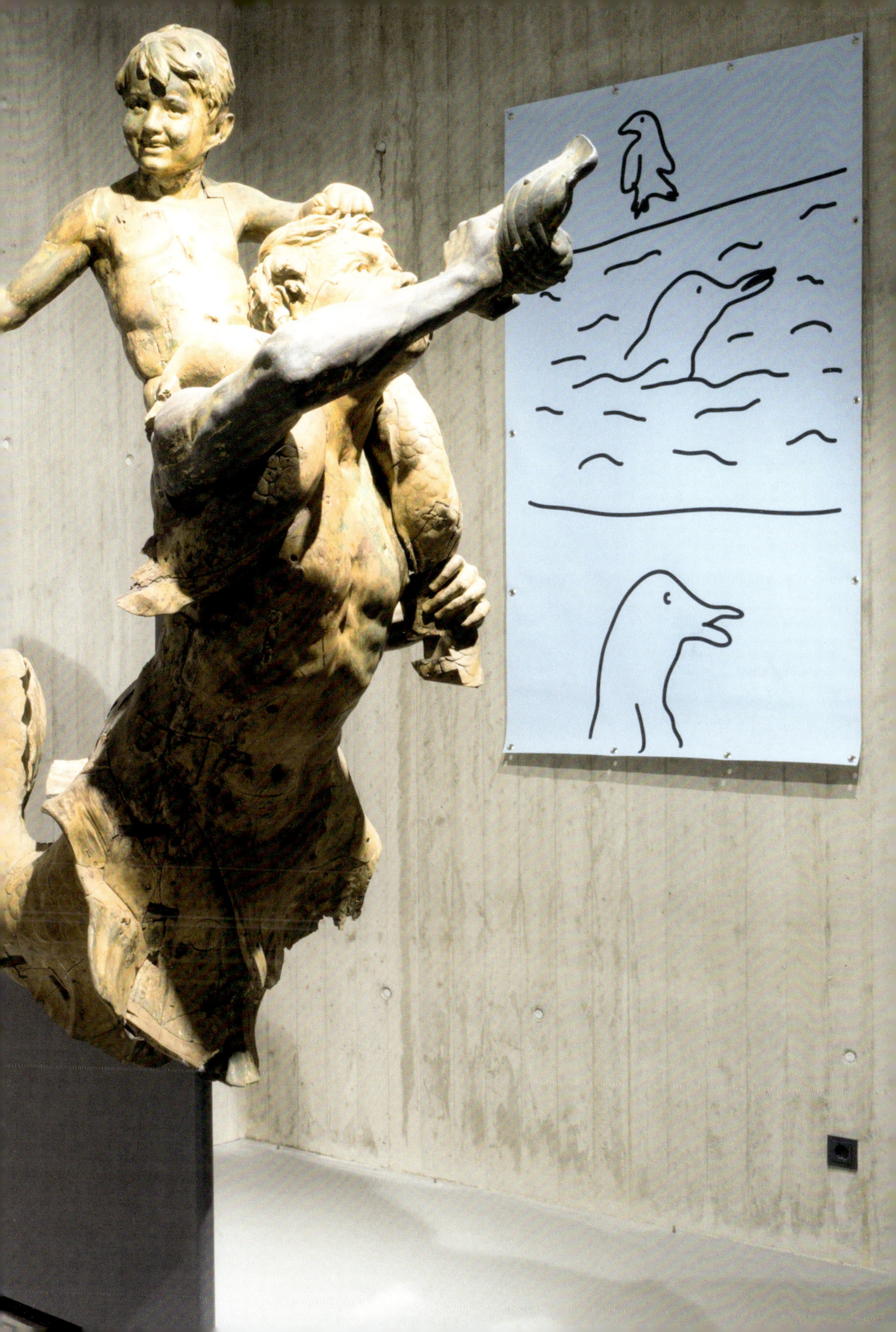

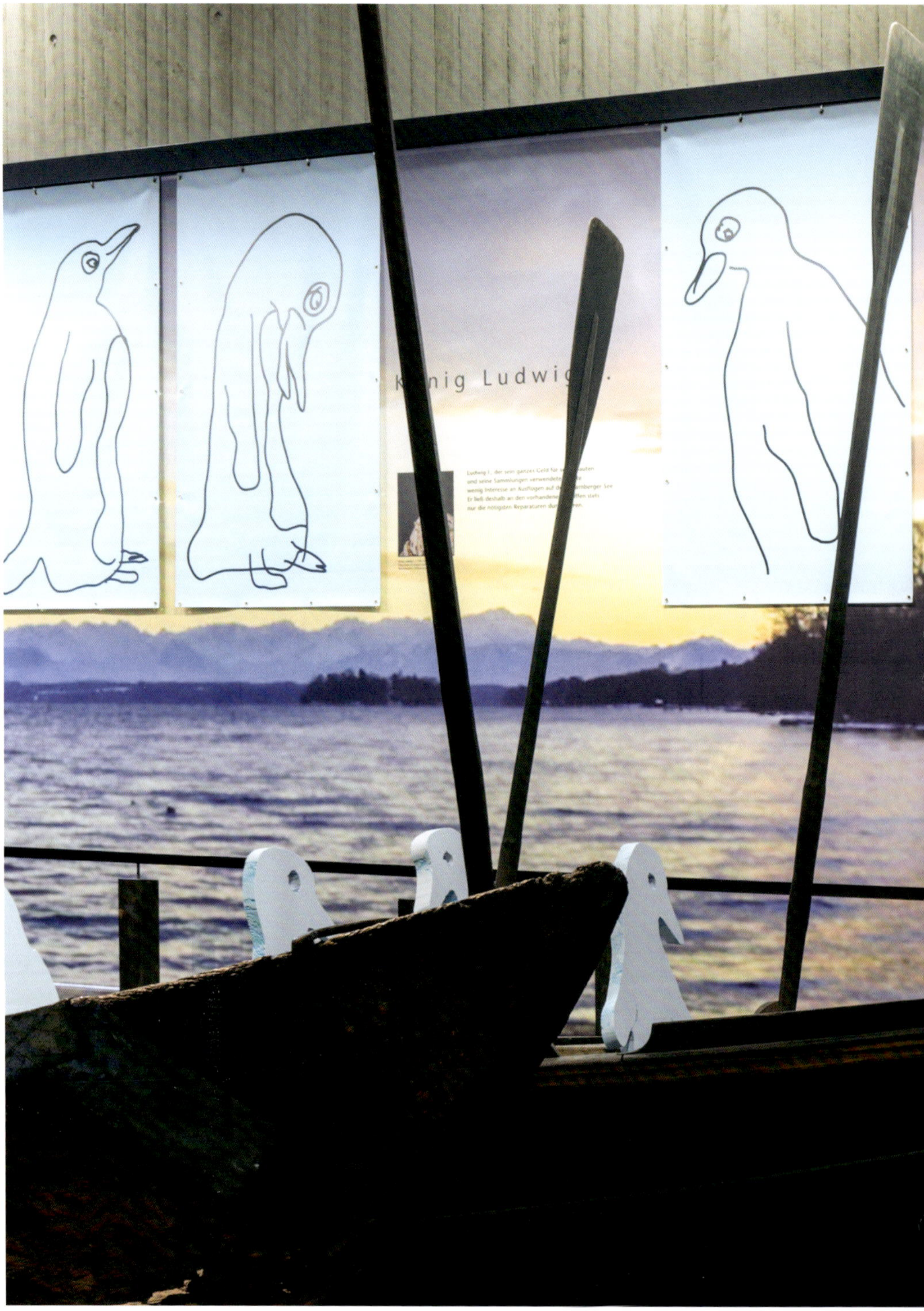

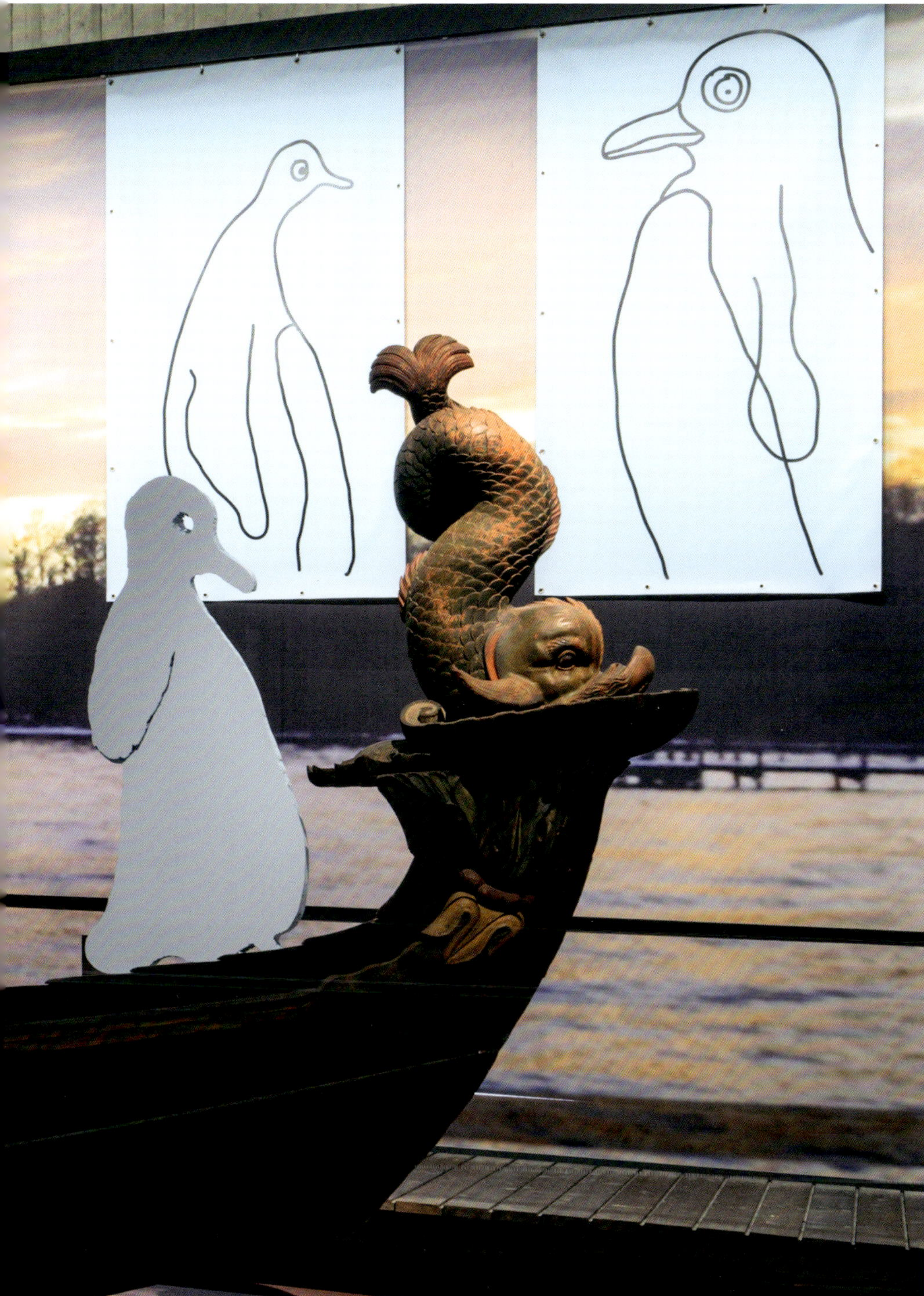

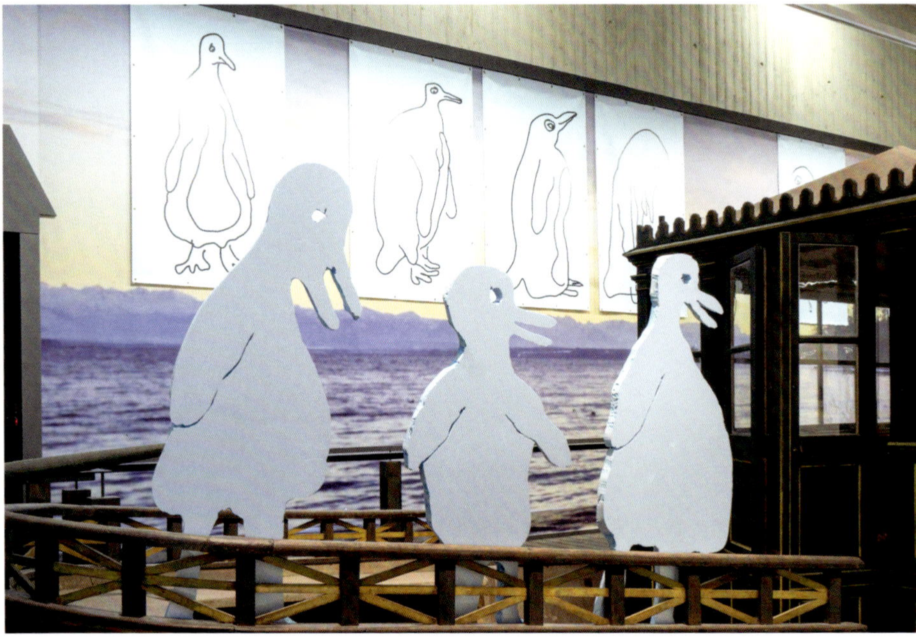

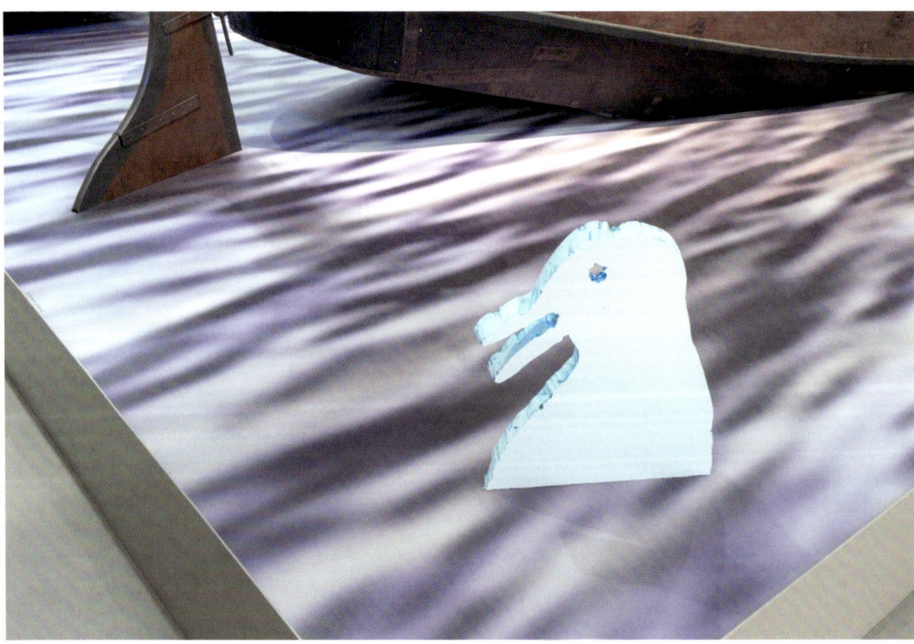

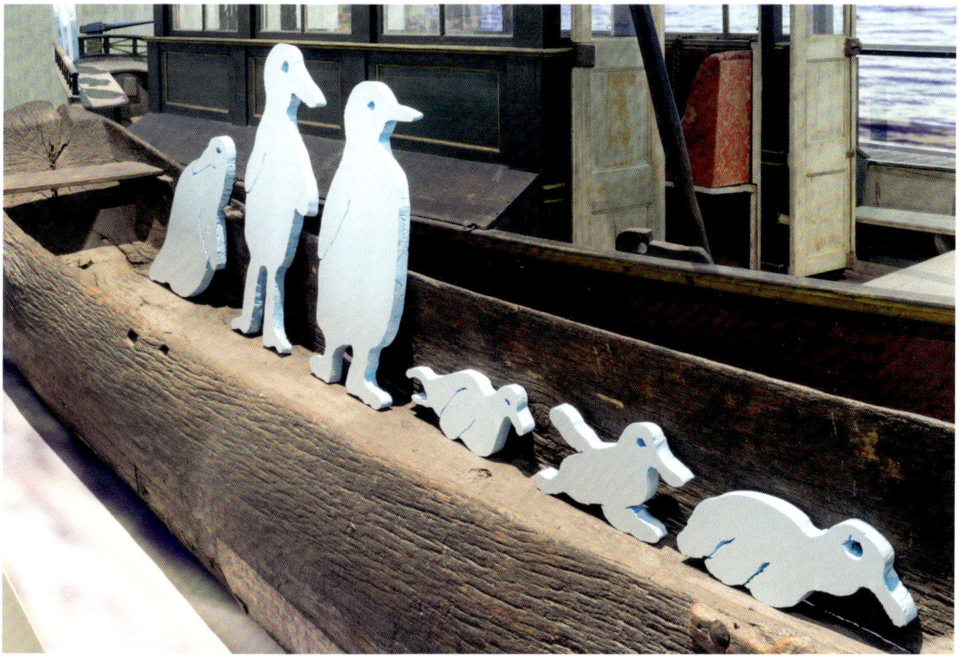

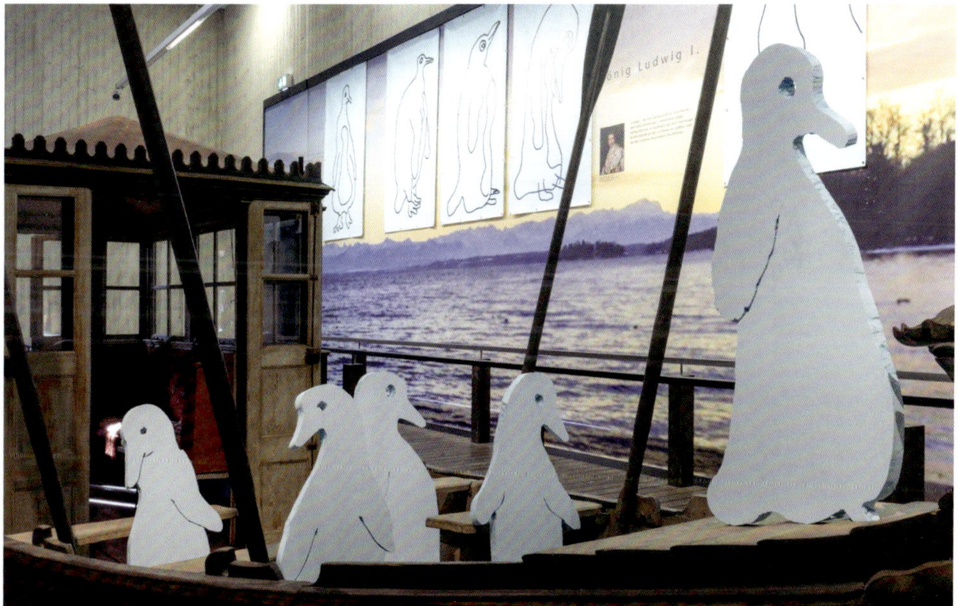
önig Ludwig I.

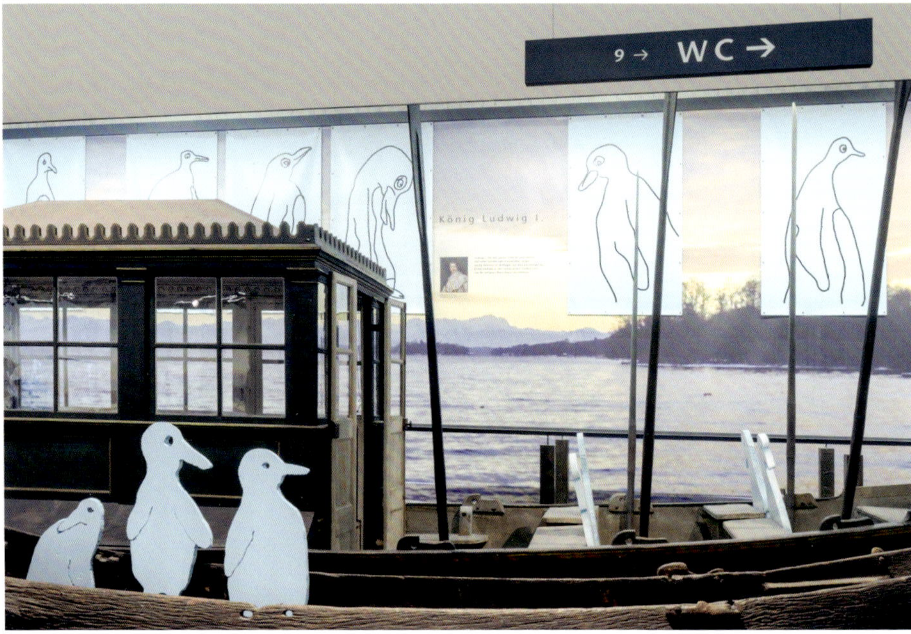
9 → WC →
König Ludwig I.

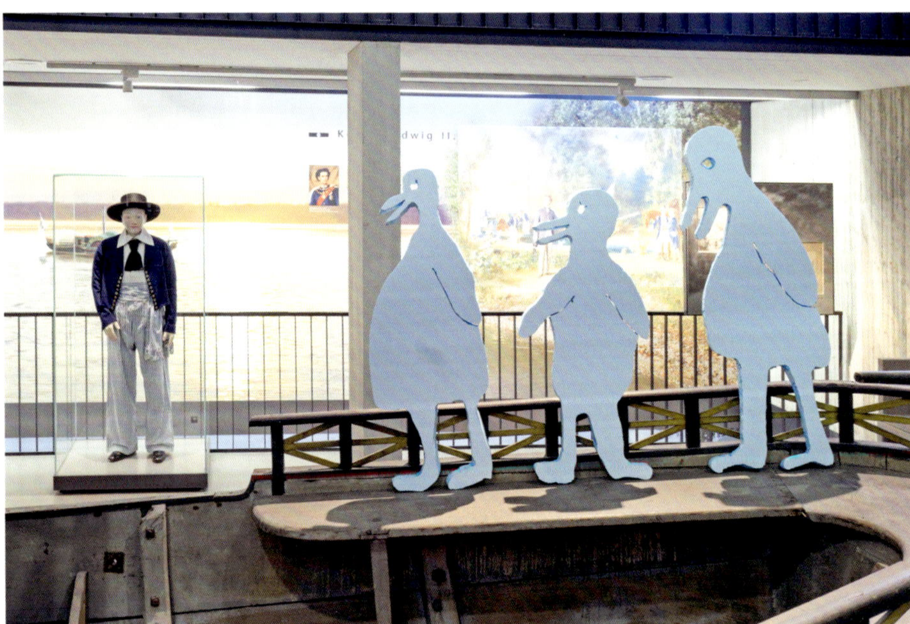

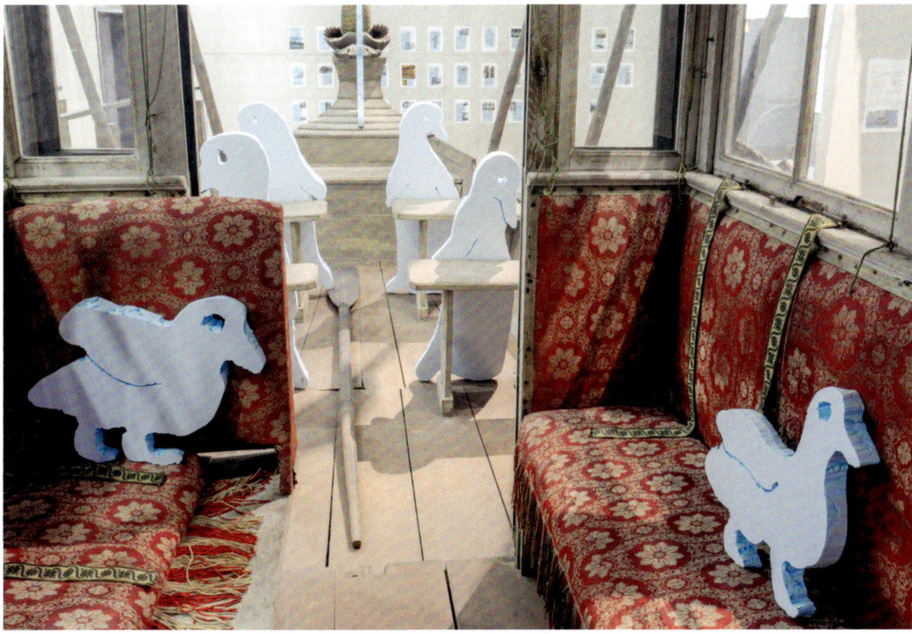

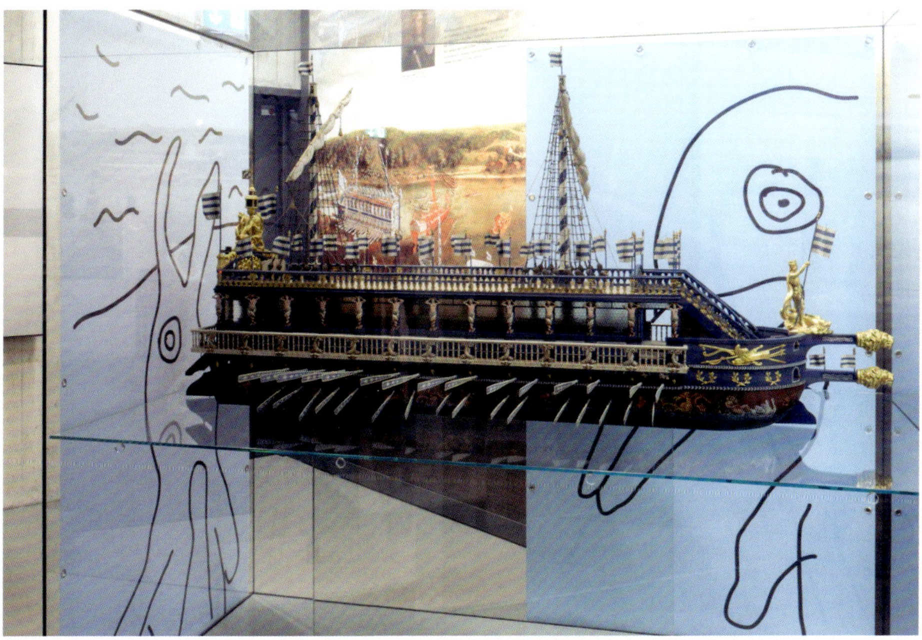

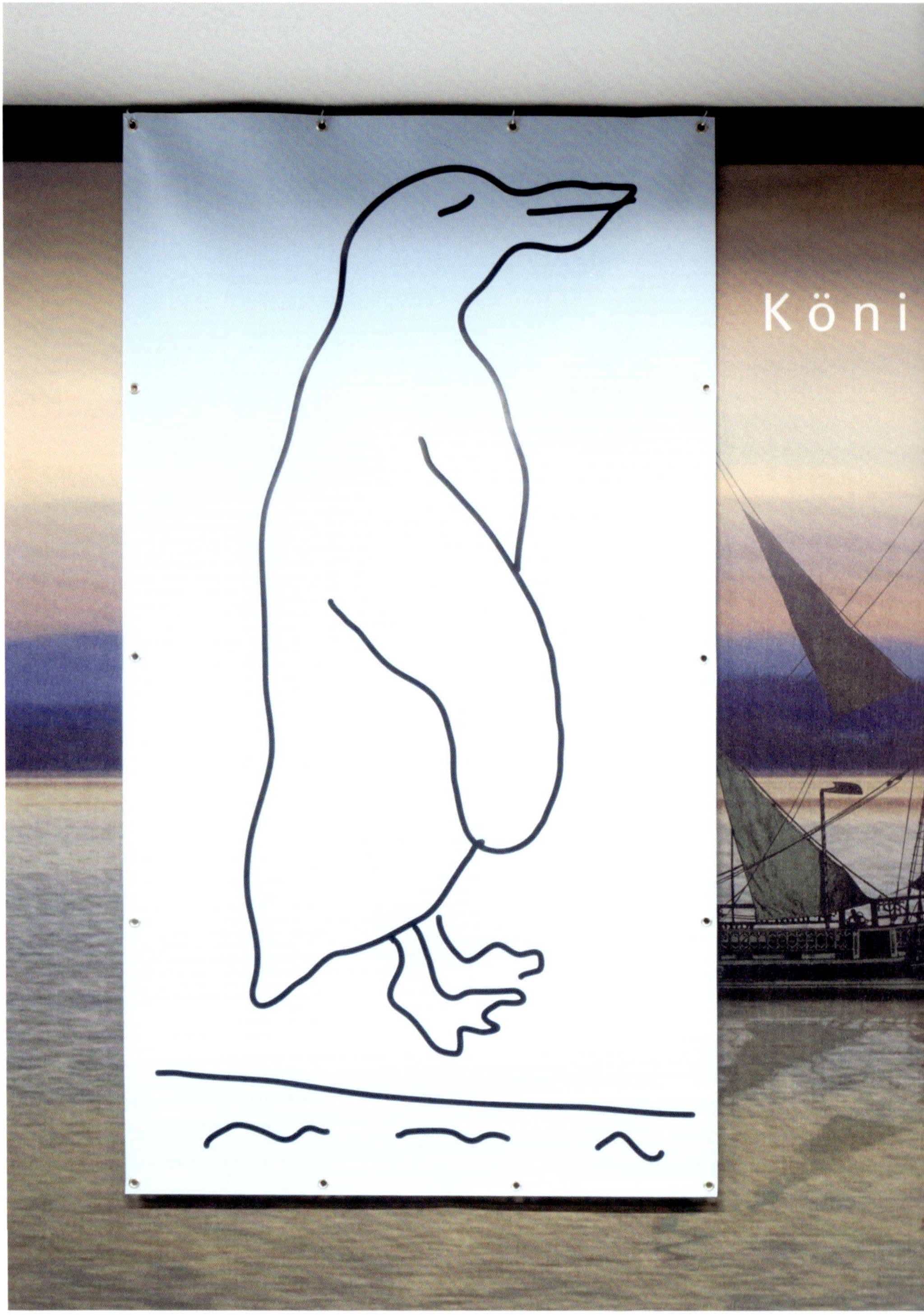
Köni

Max I.

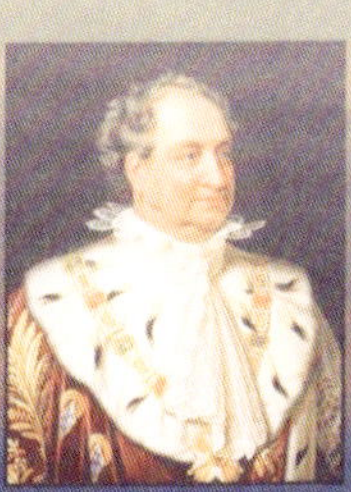

König Max I. (1756–1825)
Ölgemälde von Antoine Dury, 1846
Berchtesgaden, Schlossmuseum

Als 1799 Kurfürst Karl Theodor kinderlos starb, folgte ihm mit Max Joseph aus der Linie Birkenfeld erneut ein Pfälzer Wittelsbacher auf den Thron, zunächst als Kurfürst Max IV. Joseph, dann 1806, nachdem Bayern Königreich geworden war, als König Max I. Der neue Kurfürst ließ bald nach seiner Ankunft in München die Schiffe in Starnberg renovieren und 1803 ein neues Leibschiff bauen, welches auf den Namen seiner Gemahlin „Carolina“ getauft wurde. Er kam die ersten Jahre oft mit seiner Familie zu Ausflügen an den See. Dabei spielte das neue Gefühl der beginnenden Romantik für Landschaft und Natur eine weitaus größere Rolle als die Verpflichtung zur Repräsentation.

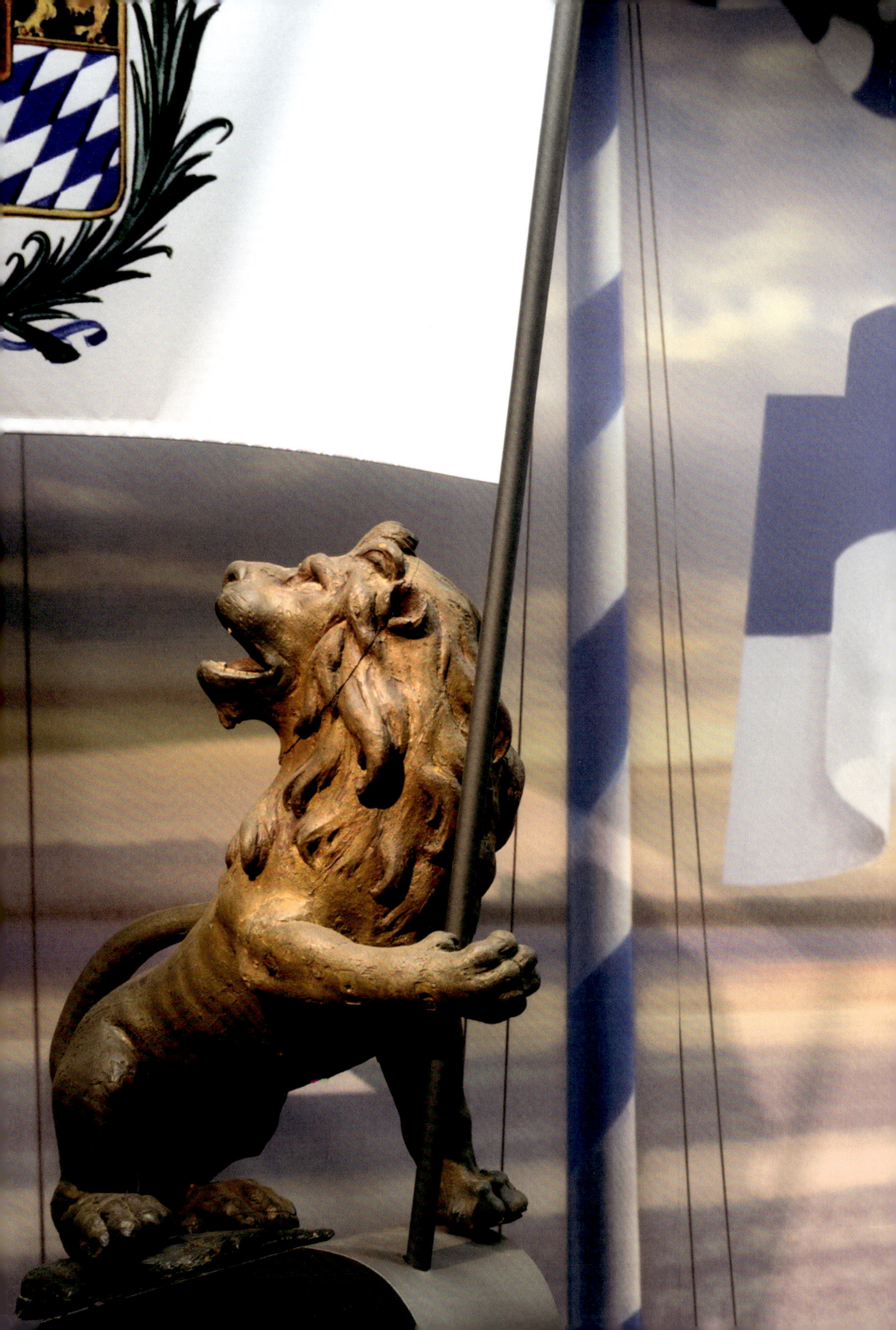

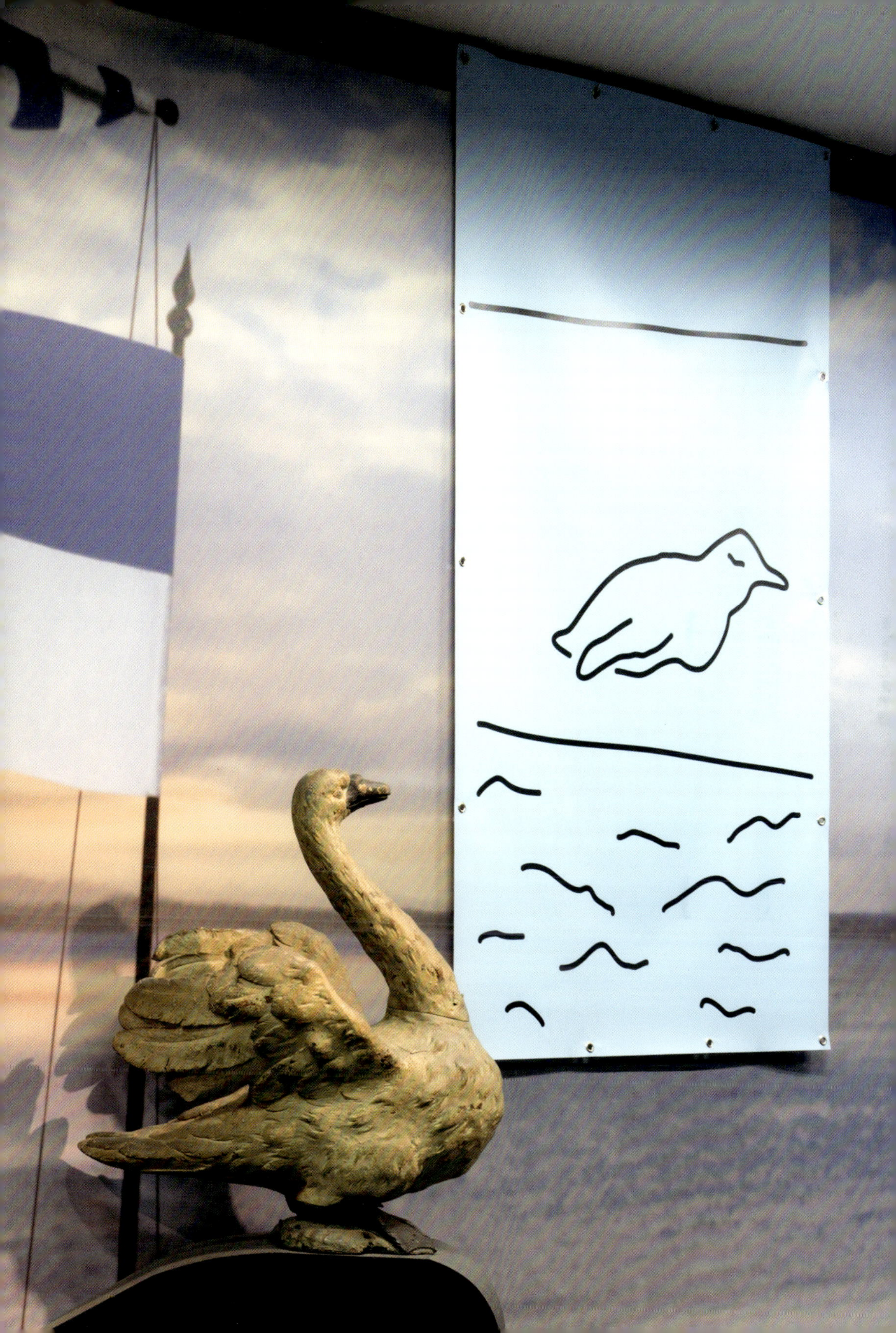

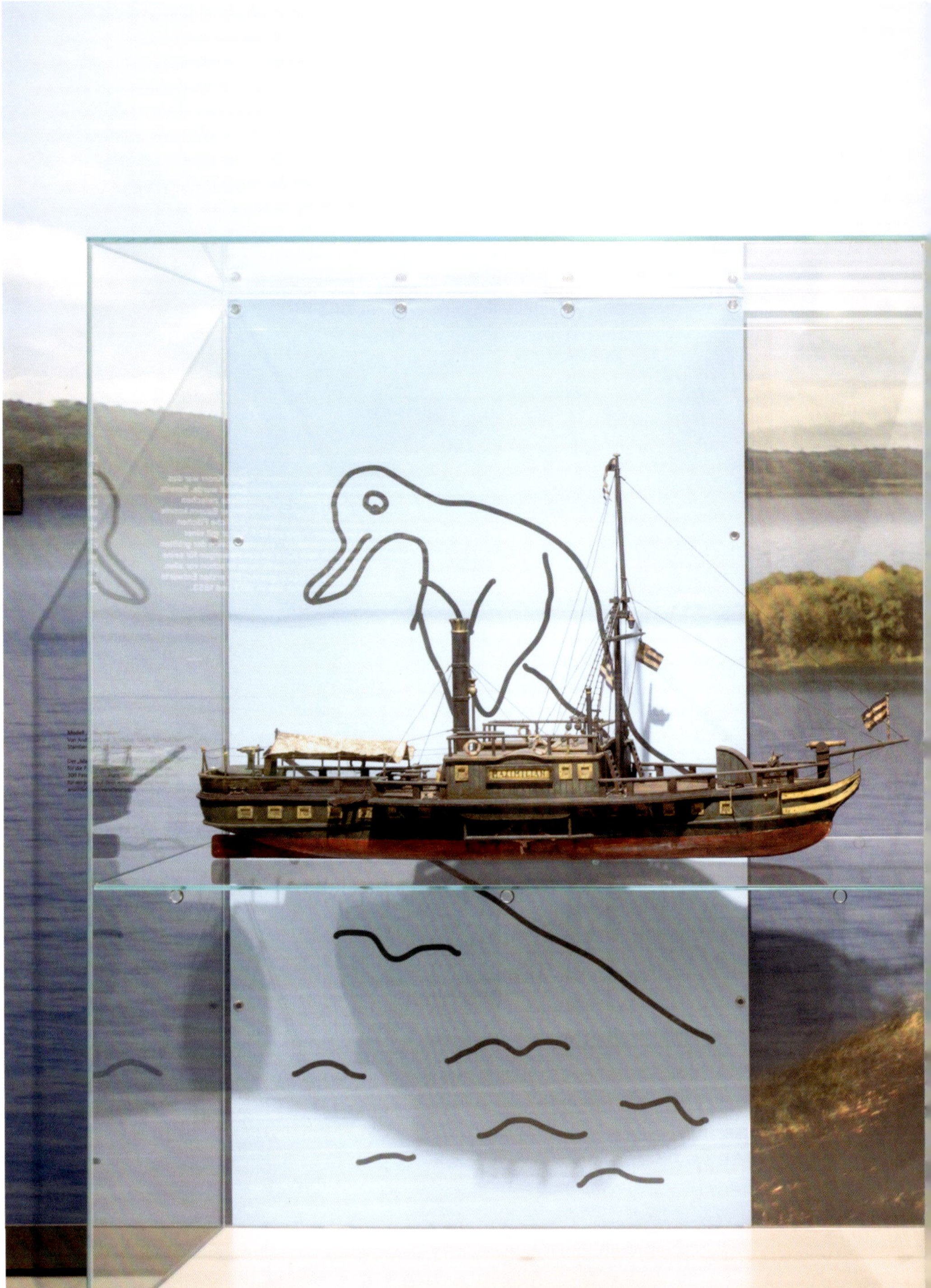

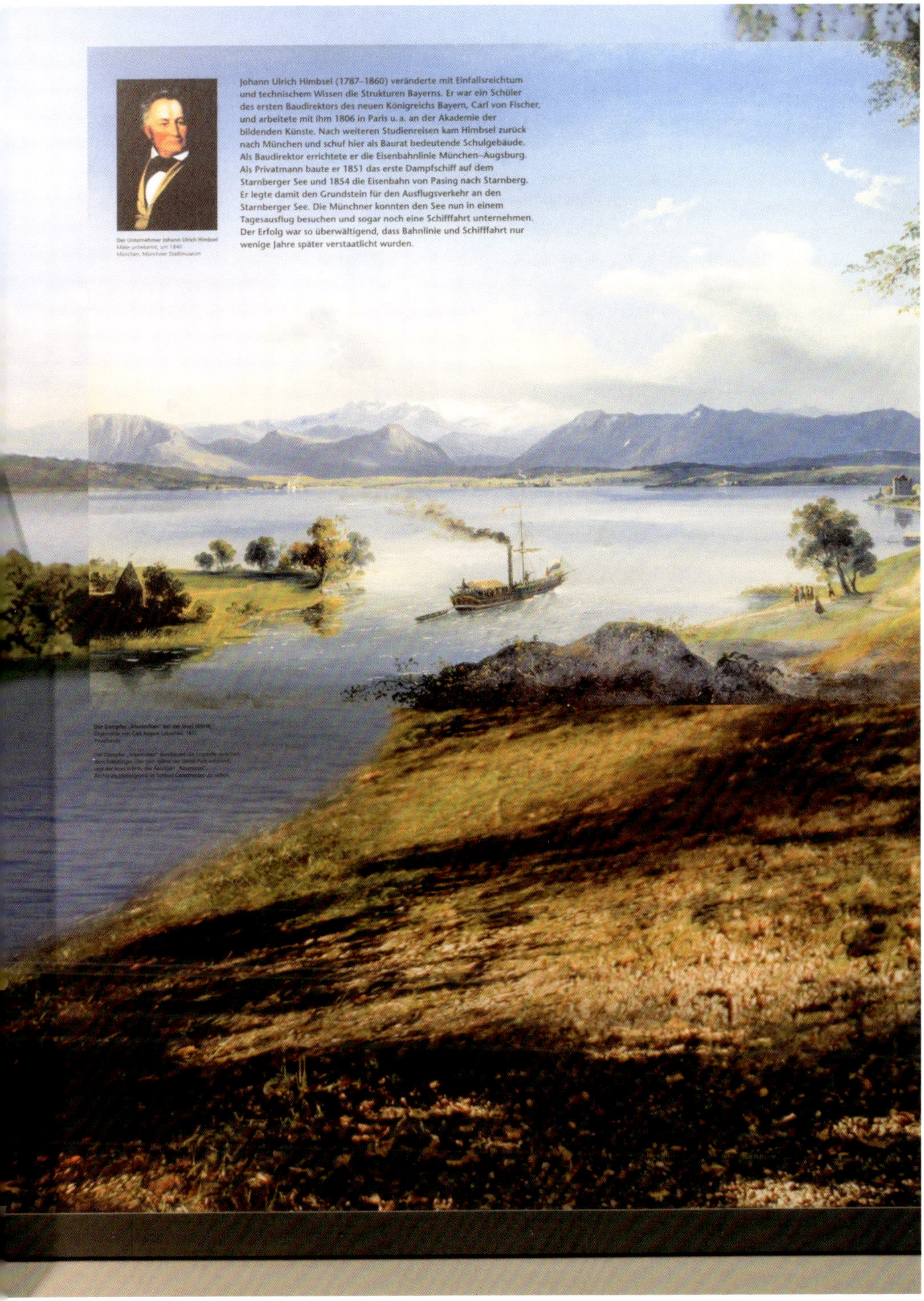
Johann Ulrich Himbsel (1787–1860) veränderte mit Einfallsreichtum und technischem Wissen die Strukturen Bayerns. Er war ein Schüler des ersten Baudirektors des neuen Königreichs Bayern, Carl von Fischer, und arbeitete mit ihm 1806 in Paris u. a. an der Akademie der bildenden Künste. Nach weiteren Studienreisen kam Himbsel zurück nach München und schuf hier als Baurat bedeutende Schulgebäude. Als Baudirektor errichtete er die Eisenbahnlinie München–Augsburg. Als Privatmann baute er 1851 das erste Dampfschiff auf dem Starnberger See und 1854 die Eisenbahn von Pasing nach Starnberg. Er legte damit den Grundstein für den Ausflugsverkehr an den Starnberger See. Die Münchner konnten den See nun in einem Tagesausflug besuchen und sogar noch eine Schifffahrt unternehmen. Der Erfolg war so überwältigend, dass Bahnlinie und Schifffahrt nur wenige Jahre später verstaatlicht wurden.
Der Unternehmer Johann Ulrich Himbsel
Maler unbekannt, um 1840
München, Münchner Stadtmuseum

Epilog

Intervention in Vitrinen des Museums Starnberger See
Fotocollagen

Epilogue

Intervention in showcases of the Museum Starnberger See
Photo collages

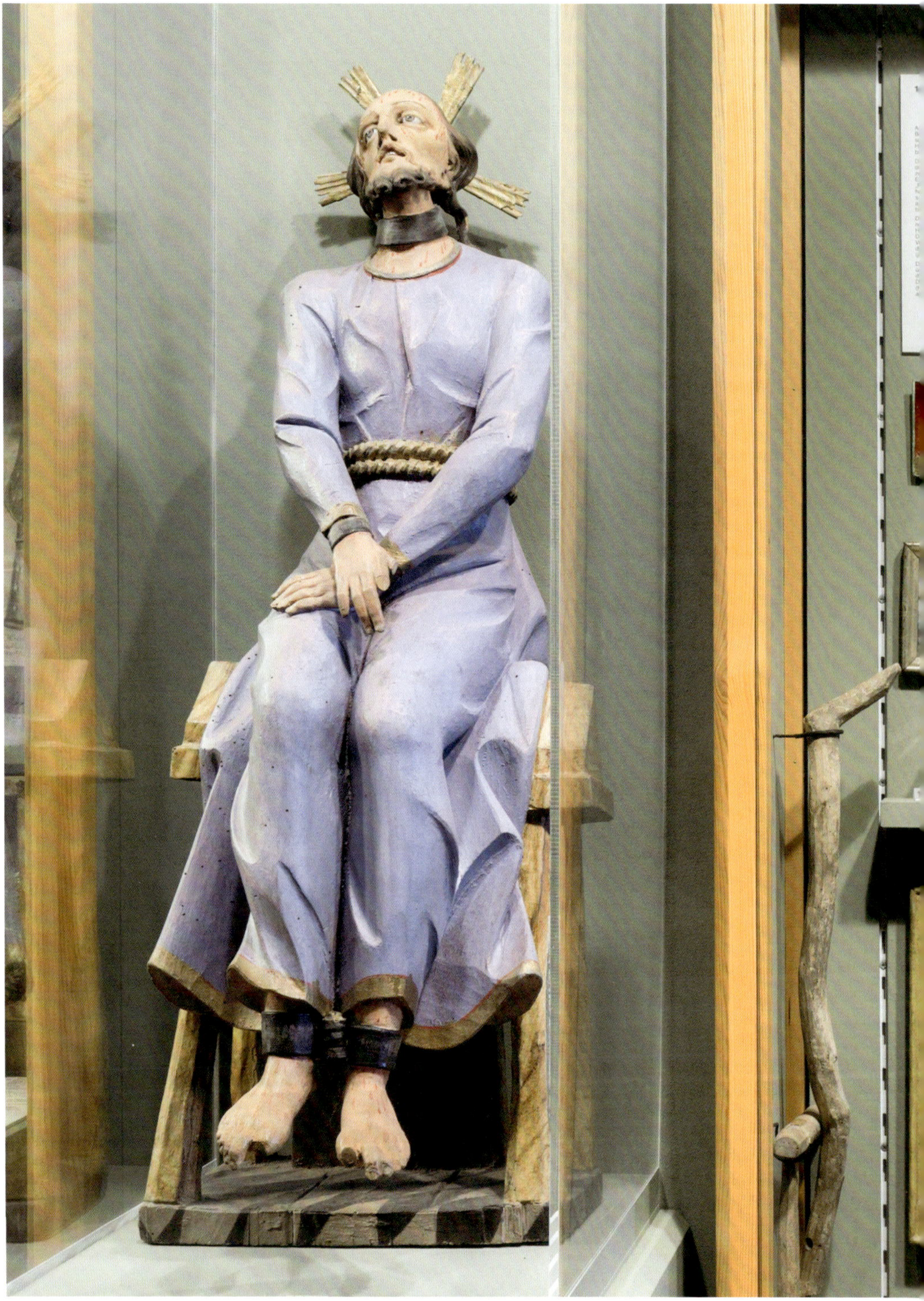

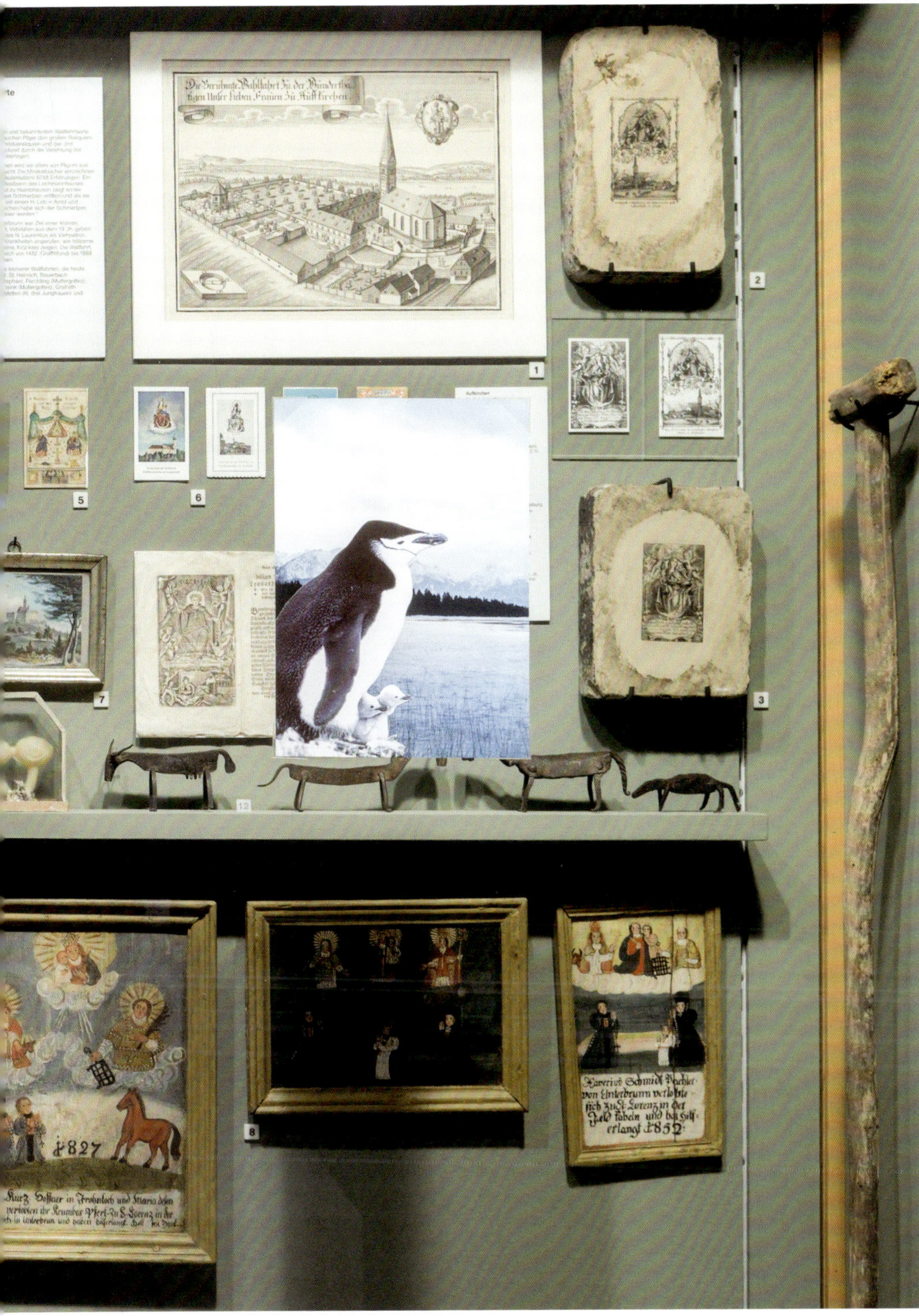

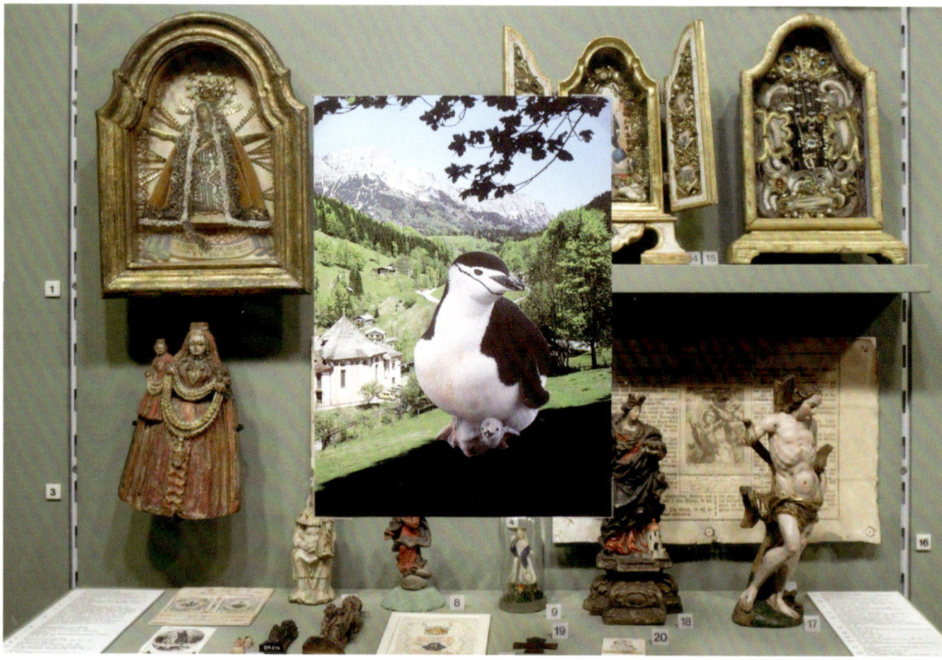

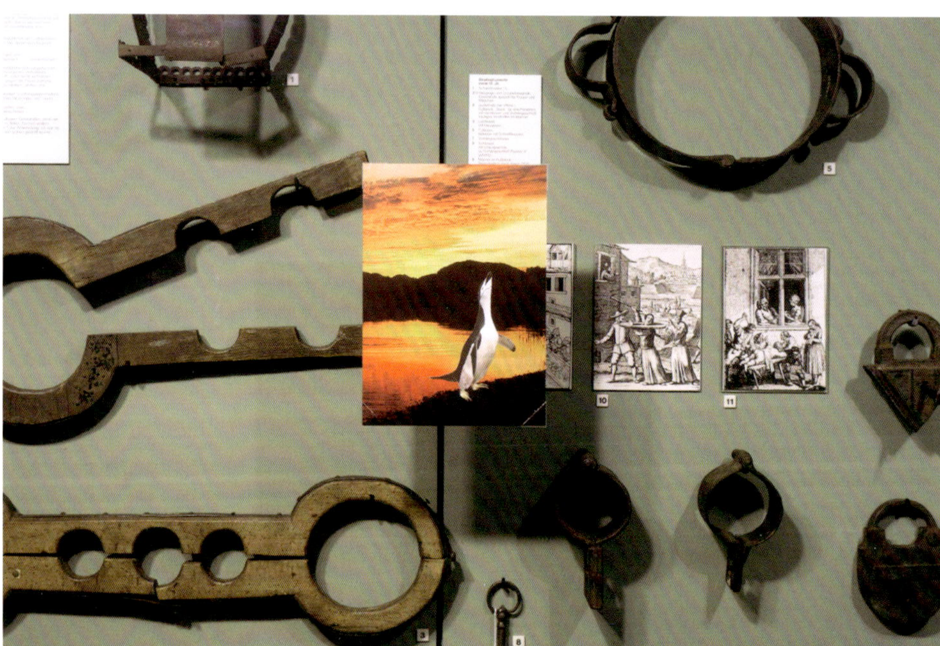

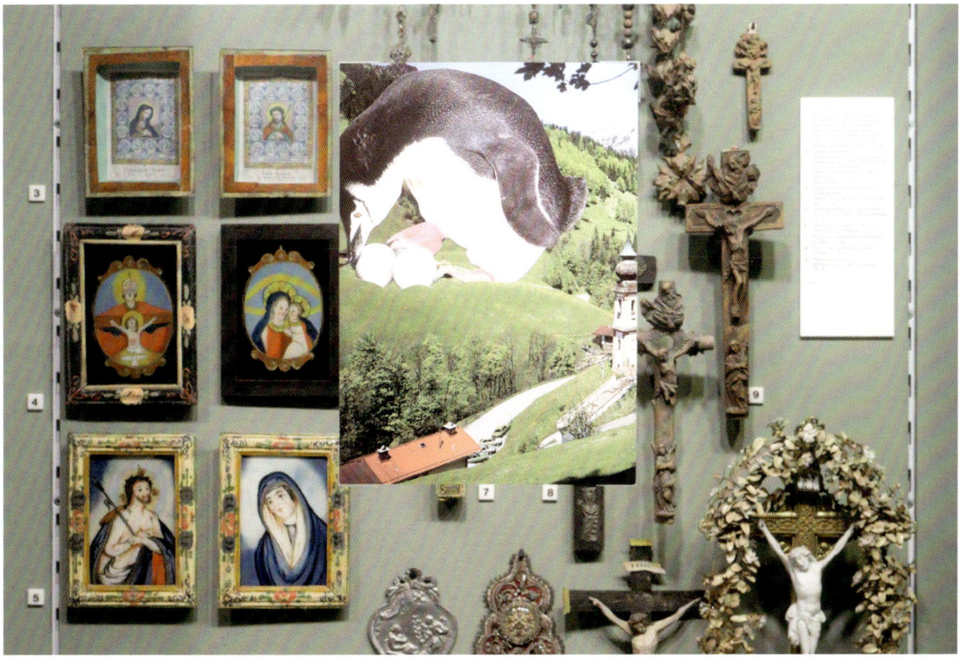

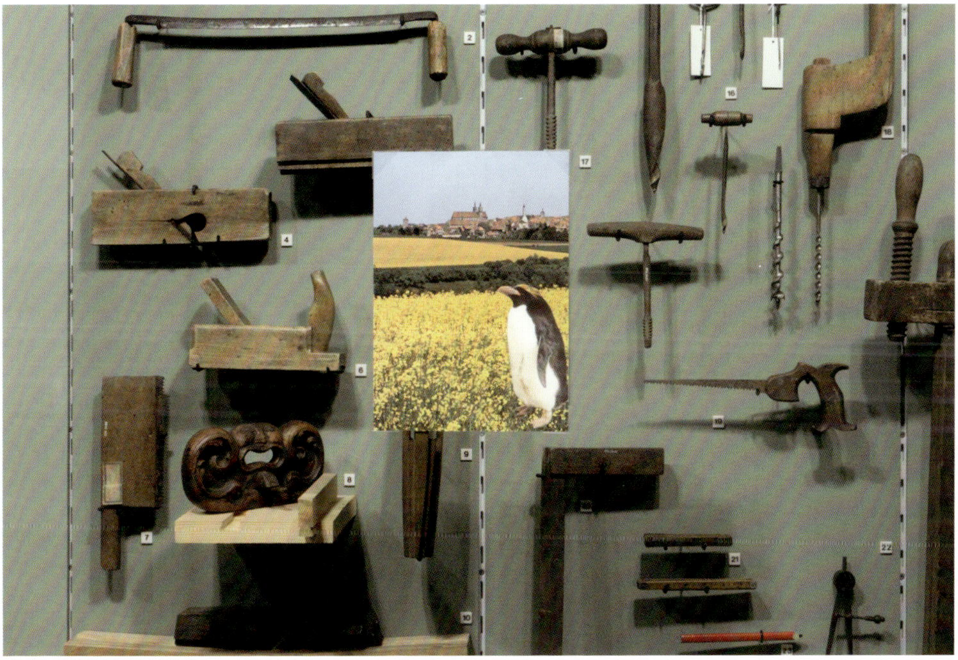

Impressum Imprint

Diese Publikation erscheint anlässlich des Projektes / This publication is released on the occasion of the project: Bio Bio SUV 2021

GEFÖRDERT VOM

Herausgeber*innen / Editors: Dr. Dennis Eversberg, Sophia Pietryga
BMBF-Nachwuchsgruppe „Mentalitäten im Fluss" (flumen)

Redaktion / Editorial staff:
Judith Kiss / BMBF-Nachwuchsgruppe „Mentalitäten im Fluss" (flumen)

Texte / Texts
Dr. Viola Bronsema, Dr. Dennis Eversberg, Holger Gerdes, Alex Giurca,
Prof. Dr. Franz-Theo Gottwald, Christiane Grefe, Rafaela Hillerbrand, Zoritza Kiresiewa,
Monica Navas Males, Sophia Pietryga, Ulrich Schurr

Übersetzung und Lektorat englisch / Translation and Copyediting English
In-Translations GmbH
Lektorat deutsch / Copyediting German
Susanne Haldrich
Gestaltung / Design
Sebastian Jung
Portraitfoto Sebastian Jung / Portrait photo Sebastian Jung
Orla Connolly
Herstellung / Production
Jens Bartneck / Kerber Verlag

Projektmanagement / Project management
Martina Kupiak / Kerber Verlag
Judith Kiss & Cecilia Bösche / BMBF-Nachwuchsgruppe „flumen - Mentalitäten im Fluss",
FSU Jena

Gesamtherstellung / Printed
and published by
Kerber Verlag
Windelsbleicher Str. 166–170
33659 Bielefeld
Germany
+49 521 950 08 10
+49 521 950 08 88 (F)
info@kerberverlag.com
kerberverlag.com

Kerber Publikationen werden weltweit vertrieben: /
Kerber publications are distributed worldwide:

ACC Art Books
Sandy Lane
Old Martlesham
Woodbridge, IP12 4SD
UK
+44 1394 38 99 50
+44 1394 38 99 99 (F)
accartbooks.com
uksales@accartbooks.com

Artbook | D.A.P.
75 Broad Street, Suite 630
New York, NY 10004
USA
+1 (212) 627 - 19 99
+1 (212) 627 - 94 84 (F)
artbook.com
orders@dapinc.com

AVA Verlagsauslieferung AG
Centralweg 16
8910 Affoltern am Albis
Switzerland
+41 44 762 42 50
+41 44 762 42 10 (F)
avainfo@ava.ch

Zeitfracht GmbH
Verlagsauslieferung
kerber-verlag@zeitfracht.de

Die Deutsche Nationalbibliothek verzeichnet diese Publikation in der Deutschen Nationalbibliografie: dnb.de. /
The Deutsche Nationalbibliothek lists this publication in the Deutsche Nationalbibliografie: dnb.de.

ISBN 978-3-7356-0831-4
www.kerberverlag.com
Printed in Germany